아우구스티누스의 『삼위일체론』 읽기

**세창명저산책_032**

## 아우구스티누스의 『삼위일체론』 읽기

**초판 1쇄 인쇄** 2015년 7월 10일
**초판 1쇄 발행** 2015년 7월 15일
–
**지은이** 문시영
**펴낸이** 이방원
**기획위원** 원당희
**편집** 김민균 · 김명희 · 안효희 · 강윤경 · 윤원진
**디자인** 손경화 · 박선옥
**마케팅** 최성수
–
**펴낸곳** 세창미디어
출판신고 2013년 1월 4일 제312-2013-000002호
주소 120-050 서울시 서대문구 경기대로 88 냉천빌딩 4층
전화 02-723-8660
팩스 02-720-4579
이메일 sc1992@empal.com
홈페이지 http://www.sechangpub.co.kr/
–
**ISBN** 978-89-5586-251-5 03230

이 도서의 국립중앙도서관 출판시도서목록(CIP)은 서지정보유통지원시스템 홈페이지(http://seoji.nl.go.kr)와
국가자료공동목록시스템(http://www.nl.go.kr/kolisnet)에서 이용하실 수 있습니다.
CIP제어번호: CIP2015018038

세창명저산책_032

Aurelius
AUGUSTINUS

문시영 지음

# 아우구스티누스의 『삼위일체론』 읽기

세창미디어
MEDIA

# 머리말

   아우구스티누스를 '서양의 스승'이라고 부른다. 혹은 누
군가의 말을 응용하여, 서양사상 2,000년 역사는 아우구스
티누스의 각주에 불과하다는 말도 있다. 그만큼 중요하다
는 뜻이겠다.

   라틴식으로 이름 일곱 글자를 읽기보다 영어식으로 '어
거스틴'이라고 읽곤 하는 아우구스티누스의 중요성은 아무
리 강조해도 지나치지 않다. 적어도, 아우구스티누스에게
관심을 갖고 읽어내려 간다면 말이다.

   『고백록』, 『신국론』과 함께 아우구스티누스의 3대 저술
의 하나로 꼽히는 『삼위일체론』은 종교에 관한 이야기 중
에서도 꽤나 깊숙한 주제일 듯싶다. 그래서인지, 특정 종교
인 중에서도 각별한 관심을 가진 사람들만 읽을 수 있는 책
으로 간주되기 쉽다. 하지만 독자 여러분의 손에 잡힌 이
책을 통해 『삼위일체론』의 세계를 맛보게 되면, 특정 종교

인의 각별한 관심에만 해당하는 것은 아니라는 사실을 알게 되리라 조심스럽게 기대해 본다.

비록, 삼위일체 하나님에 대한 성찰이기는 하지만, 일방적으로 교리를 설교하는 책이라 단정 짓는 것은 옳지 않다. 군이 학문적 주소를 찾으라 하면, 조직신학 내지는 교리 혹은 기독교사상사에 속한다고 해야 하겠지만, 삼위일체론에는 또 다른 측면이 내재되어 있음을 간과해서는 안 된다.

『삼위일체론』을 통해, 아우구스티누스는 자연으로부터 인간으로, 그리고 인간의 내면을 향하여 찾아 들어가는 과정을 통해 삼위일체 하나님의 흔적을 찾아내려 노력한다. 이를 통해 인간이란 무엇이며 하나님을 향한 신앙의 필요성이 얼마나 절실한가를 설득적이고 논리적으로 풀어내는 데 노력을 다한다.

기회가 된다면, 『아우구스티누스의 삼위일체론 읽기』를 앞서 출판된 시리즈의 다른 책인 『아우구스티누스의 고백록 읽기』와 함께 읽으시길 바란다. 독자 여러분께서 아우구스티누스 사상의 내면성과 풍요로움을 맛볼 수 있는 기회를 얻게 되리라 기대한다. 인간의 내면에 관하여, 그리고 인간의 진정한 인간됨에 관하여 아우구스티누스가 던져 준 화두를 이어갈 새로운 생각들로 채워지기 또한 기대해 본다.

아우구스티누스가 인간의 진정한 행복을 위해 영원불변한 삼위일체 하나님을 만나야 한다는 사실을 강조하면서, 카리타스caritas(바른 사랑)를 추구하도록 일깨워 주고 있다는 점은 무척이나 중요한 요소이다.

사랑 만능의 시대에 진정한 사랑을 찾아보기 어려운 현대인의 자화상을 깨우쳐 주고, 참된 행복을 위한 바른 사랑의 절실함을 말해 주고 있다는 점에서 『삼위일체론』은 더욱 소중한 이야기로 다가올 수 있겠다.

솔직히 알려 드릴 것이 있다. 『삼위일체론』 자체가 난해한 주제인 동시에 다양한 배경을 가지고 있다는 점에서, 그리고 아우구스티누스가 치밀하면서도 고도의 지적 논의를 위한 수사학 전문가로서 기량을 발휘했던 책이라는 점에서, 쉽지 않은 책임은 분명하다.

필자로서도 명쾌하게 이해하기 어려운 부분들이 있었던

것이 사실이다. 나름, 최선을 다하여 아우구스티누스의 다른 면모를 보여 주기 위해 노력했지만 충분하지는 못했던 것 같다. 이 점 독자 여러분의 양해를 구한다.

2015년 6월
문 시 영

---

\* 참고로, 한글번역 표현은 김종흡 역을 따랐다. 아우구스티누스 이전의 논의로부터 현대신학에 이르기까지 삼위일체론의 요점을 풀어쓴 유해무, 『삼위일체론』을 읽어 보시기를 권하고 싶다.

# |CONTENTS|

# I.
# 왜,『삼위일체론』인가?

## 1.『삼위일체론』을 읽는 이유

지중해 연안의 해변도시 히포의 교구를 맡아 목회하던 아우구스티누스는 신학적 난제를 풀기 위해 매우 중요한 책을 집필하고 있었다.『고백록』에서 보았던 열정적 신앙인 아우구스티누스가 어느덧 교회 지도자가 되어 지도력을 발휘하고 있던 참이었다.

어느 날, 복잡해진 머리를 식히기 위해 나간 해변 산책길에서 어이없는 모습이 눈에 들어왔다. 한 어린이가 모래밭에 작은 구멍을 파놓고 조개껍데기로 연거푸 바닷물을 퍼다 붓는 장면이었다. 아우구스티누스가 어린이에게 뭘 하고 있는지 묻자 대답이 돌아왔다.

'바닷물을 전부 퍼서 여기에 옮길 거예요.'
'그렇게 해서는 안 될걸? 바닷물을 네 능력으로 옮길 수 없을 거야.'
'지금 풀어내려고 생각하시는 그 문제는 이것보다 더 어려울 걸요?'

아우구스티누스가 놀라서 멈칫거리는 순간, 어린이는 사라졌고 아우구스티누스는 큰 깨달음을 얻었다고 한다. 자신이 풀어내고자 애쓰던 신학적 난제가 인간의 이성으로는 풀어낼 수 없는 엄청난 문제였다는 사실을 말이다.

『황금전설』이라는 이름의 전승집에 전해 내려온다는 이야기 한 꼭지였다. 지어낸 이야기일 수 있다는 생각이 들기는 하지만, 교회의 목회자요 신학자로서의 아우구스티누스가 고민하던 흔적을 보여 주는 장면일 듯싶어서 가치가 있는 이야기로 받아들이고 싶다.

더구나 아우구스티누스가 고심하던 그 난제가 다름 아닌, 삼위일체론이었다고 한다. 진위를 떠나서, 의미는 충분해 보인다. 삼위일체론 자체가 어렵고 힘겨운 주제라는 점, 그리고 인간의 능력으로 완전히 파악하려 덤벼드는 것부터가 무모해 보일 수 있음을 보여 준 셈이다.

어쩌면, 이 책은 삼위일체의 신학에 관심을 가진 독자들에게나 흥미를 불러일으키는 것일 수 있다. 요즘 말로, '내공內功'이 꽤나 높은 사람들에게나 선택되는 책이라고 해야 할까?

하지만 그들만을 위한 책이라고 단정 짓는 것은 섣부른 판단이기 쉽다. 적어도, 문고판을 읽는 모두에게 열려 있는 책이다. 내공이 높으신 분들이 비판의 시선으로 필자의 책에서 꼬투리 잡으려고 하실지 모르겠다. 그러나 필자 나름으로 최선을 다해 교회의 교리에 충실할 것이므로, 독자 여러분께서는 염려하지 않으셔도 좋겠다.

『삼위일체론De Trinitate』은 아우구스티누스에게 큰 의의가 있다. 『고백록』이 열정의 책이라면, 『삼위일체론』은 정제된 책이다. 그가 복음에 의해 회심하였을 때, 감격과 열정을 담아 신앙을 '고백'했던 것이라면, 그토록 감격적으로 만난 하나님을 '삼위일체 하나님'으로 표현한 것이 되는 셈이다.

질문이 생기는 것은 자연스러운 일이다. 왜, '삼위일체'인가? 아우구스티누스가 만난 기독교의 하나님은 유일하신 분 아니신가? 맞다. 하지만 그것으로 전부인 것은 아니다. 따지고 보면, '유일신론'은 자연종교에도 해당한다. '삼위일체'는 계시종교의 진리로서, 기독교의 정체성이자 근간이다.

다시 말해, 삼위일체론은 의도적으로 고안된 사변적 말장난이 아니다. 또는 초대교회 역사에 나타난 이단과의 논쟁을 위한 도구도 아니다. 삼위일체론은 교회가 고백한 신앙의 내용이다. 물론, 기독교 교리 확립 과정에서 이단과의 논쟁이 불가피했던 것은 사실이지만 그것을 위해 치밀하게 계산된 혹은 고안된 별도의 장치가 아니라는 뜻이다.

'삼위일체론'이라는 단어 자체가 주는 인상은 결코 간단하거나 쉽지 않다. 하지만 우리는 이것이 성경에 기초한 교회의 신앙고백에서 출발한 것임을 간과해서는 안 된다. 전문적인 신학토론을 위해 고안된 것도 아니고 더구나 신학자들의 지적 유희를 위한 전문용어가 아니라는 뜻이다.

삼위일체 하나님께 대한 신앙고백은 325년 니케아 공의회와 381년 콘스탄티노플 공의회에서 공인되었고 교회의 신앙고백으로 확립되어 오늘에 이르고 있다. 교회의 신앙고백인 사도신경은 성부, 성자, 성령 하나님의 사역을 구원의 관점에서 고백하고 있다. 성부와 성자와 성령의 이름으로 세례를 베풀고 성부, 성자, 성령의 이름으로 강복을 선언하는 것도 삼위일체론이 교회의 고백이라는 사실을 분명하게 보여 주고 있다.

무엇보다도, 삼위일체론은 성경에서 비롯된다. 창세기에서부터 찾아볼 수 있는 삼위일체의 근거들은 삼위일체론이 철학적 사변의 결과물이 아님을 말해 준다. 우선, 구약성경은 메시아가 오실 것을 반복적으로 말씀하고 있다는 사실에 주목해야 한다.

구약에서 드러난 삼위일체론의 근거들은 신약에서 분명해진다. 신약의 여러 곳에서, 다양하게 삼위일체에 관한 말씀들을 찾아볼 수 있다. 예수 그리스도의 오심은 가장 분명한 삼위일체의 증거이다. 예수께서 성부를 아버지로 호칭하며 성경의 말씀을 다 이루신 기록들은 삼위일체론의 분명한 뿌리이다.

이렇게 보면 삼위일체론은 기독교의 정체성에 속한다. 여타의 자연종교에서는 삼위일체를 말하지 않는다. 아니, 관심이 없거나 말할 필요를 느끼지 않는다. 삼위일체 하나님을 향한 고백은 계시종교로서의 기독교 고유 신앙에 속한다는 뜻이다. 다시 말해, 삼위일체론은 성경에 그 뿌리를 두고 있으며, 성경대로 믿는 기독교 신앙의 근간이다.

성경이 말하고 교회가 고백하는 삼위일체 하나님을 향한 신앙에 대해서는 주로 니케아 공의회를 기점으로 이전과 이후로 나누어 설명할 수 있겠다.

물론, 니케아 공의회 이전의 초대교회에서도 삼위일체의 고백에 대해 혼란이 생겨날 여지가 없지는 않았다. 예를 들어, 초대교회 안에서 예수 그리스도에 대한 신앙고백을 위해 하나님과의 관계를 종속의 관점에서 설명하는 것은 손쉬운 방법일 수 있었을 것이다. 이와는 반대로, 영지주의자들은 구약의 하나님을 열등한 신으로 설명하기도 했다.

게다가 기독교의 외연이 확장되어 당시 주류 문화였던 그리스사상과 접촉하면서 언어적 혼동까지 작용했다. 이 과정에서, 억측과 오해가 발생하고 심지어 전혀 다른 문화들 사이의 접촉이 빚어낸 이단까지 등장했다. 삼위일체론을 두고 다른 의견들이 생겨날 정도였다는 것을 보면, 이 교리가 얼마나 중요했는지를 미루어 알 수 있을 듯싶다.

　사실, 신학대학원의 기초과목인 교회사 시간에 복잡하고 혼란스러웠던 이름들을 암기하는 것조차 버거운 일이었던 기억이 난다. 어김없이 중간고사에는 마치 초등학교 시험이라도 보는 듯, 여러 개념을 연결하거나 괄호 채우기로 성적을 매기던 은사들의 모습이 떠오른다.

　단일신론, 군주신론, 양태론, 영지주의, 마르시온주의, 로고스 등등 대학원 시험이 단순암기 내지는 연결형으로 치러졌던 추억은 지금도 복잡한 마음을 가지게 할 정도이다. 게다가 이레네우스, 터툴리아누스, 오리게네스 등 교부들의 이름까지 결합하면 시험문제는 더 복잡해졌던 것 같다. 다소간 복잡한 역사적 과정들을 통해 삼위일체의 기본적인 개념들과 기본구도가 자리를 잡은 셈이다.

일반적으로, 니케아 이전의 삼위일체론은 오리게네스의 영향권에 있었다. '휘포스타시스hypostasis, 位格'라는 용어로 성부, 성자, 성령의 구별을 표현하고 '호모우시오스homoousios'(동등한 본질)라는 개념을 사용하여 삼위 하나님의 일체성을 효과적으로 말해 주었다.

문제는 오리게네스가 '로고스 기독론'을 제시하면서도 결정적으로 착오를 저질렀다는 점이다. 오리게네스가 하나님의 단일성을 강조하면서 성부로부터 성자와 성령이 파생되었다고 설명한 부분과 로고스를 성부의 피조물로 설명한 부분 등은 흠결로 지적되고 있다.

아마도, 아리우스의 이름은 니케아 공의회에서 빠뜨릴 수 없을 듯싶다. 오리게네스의 영향을 받으면서도 성부만 하나님이심을 강조한 아리우스는 예수 그리스도를 본질적으로 하나님이 아닌 존재로 설명하였다. 심각한 오류가 발생한 셈이다. 예수 그리스도는 참하나님이시며 참사람이시라는 고백이 흐트러질 수 있기 때문이다.

콘스탄티누스 황제의 중재로 니케아에서 소집된 공의회에서, 교회는 아리우스의 주장을 거부하고 예수는 피조되지 않았으며 성부와 동등하다고 결정한다. 이 과정에서, 아타나시우스의 활약이 매우 중요했다. 그는 '호모우시오스'라는 표현을 사용하여, 성자께서 하나님이시라는 교리를 확립하는 데 결정적으로 기여했다.

성령 하나님께 대한 고백은 니케아 공의회 이후, 갑바도기아 신학자들을 통하여 확립되었으며, 콘스탄티노플 공의회와 그 이후의 모임들을 통해 성령 하나님께 대한 고백에서도 '호모우시오스'를 적용하게 되었다. 성부, 성자, 성령 하나님께 대한 신앙고백의 기초가 완성된 셈이다. 대략 여기까지가 아우구스티누스의 『삼위일체론』을 읽기 위해 참고해야 할 요약사항이다.

당시, 교회는 삼위일체론을 둘러싸고 혼란이 있었고, 교구의 목회자이자 신학자로서 아우구스티누스에게 반드시 해결해야 할 과제였다. 이미 『고백록』을 통해 대중적 지명도를 얻었고, 히포 교구의 목회이자 신학적 탁월성을 인정받은 지도자인 아우구스티누스의 한마디 한마디는 교회와 신학계에 중요한 나침반으로 작용하고 있었다.

특히, 아우구스티누스는 하나님의 본질의 일체성과 위격

의 구별에 주목해야 한다고 보았다. 삼위는 삼신三神을 말하는 것이 아니라, 하나님께서 삼위로 계시지만 일체성을 지닌다는 데 집중한 셈이다. 이와 더불어 '삼위의 흔적vestigia trinitatis'에 대한 성찰은 아우구스티누스를 빛나게 하는 부분이다.

더불어 『삼위일체론』을 읽어 가면서, 삼위일체 교리의 형성과정에 나타난 동방교회와 서방교회의 사상적 발전을 엿볼 수 있다. 동방교회의 오리게네스, 사벨리우스를 비롯하여 아리우스파와 니케아 신조 사이의 대립에 나타난 신학적 논변은 물론이고, 서방교회의 터툴리아누스, 노바티아누스, 그리고 아우구스티누스가 참고했던 힐라리우스 등에 이르기까지 교부들의 이름이 삼위일체론을 둘러싼 논쟁에 등장한다.

아우구스티누스는 서방교회가 말하는 '하나의 본질, 세 위격una substantia, tres personae'을 수용한다. 교회는 성부와 성자가 동일한 본질을 지녔다고 주장하는 아다나시우스의 관점이 신앙고백에 더 적합하다고 인정했지만, 이것을 좀 더 분명하게 확립할 필요가 대두되었던 셈이다.

이러한 아우구스티누스의 입장은 니케아 신조와 일치한다. 그의 『삼위일체론』은 교부시대에 나타난 글 중에서 매우 권위가 있는 것으로 평가된다. 그런 탓에, 아우구스티누스가 『삼위일체론』을 너무도 오랜 기간 집필하고 수정하고 보완하는 것에 조급함을 느낀 누군가 그의 미완성 원고를 훔쳐 공표하는 일도 있었다.

어쩌면, 그 일로 인해 더더욱 지체될 수 있었던 출판이 앞당겨진 것일지도 모른다. 아우구스티누스 자신이 '젊은 시절에 착수하여 노년에서야 출판'했다고 말했을 정도로, 『삼위일체론』은 20년 가까이 고심한 작품이다. 이 책을 통해 원숙기의 아우구스티누스를 엿볼 수 있게 한다.

아우구스티누스는 『삼위일체론』을 399년경에 집필하기 시작했다. XII권까지 집필한 후, 여러 사정에 의해 유보해 두었던 그의 원고가 누군가에 의해 출판되었다. 아우구스티누스는 다급해졌다. 아직 완성되지 않은 원고를 통해 자신의 관점이 오해될 것을 염려했기 때문이다.

XV권까지의 완성본을 출판하고 마지막 부분에 요약을 덧붙인 데에는 이러한 오해가 불식되기를 바라는 마음이 담겨 있다. 누군가에 의해 불법으로 출판된 원고는 완성본이 아니며, 그 안에 담겨 있는 내용의 본래 취지는 이런 것이었다고 말해 주는 강한 항변이기도 했다.

한 가지, 아우구스티누스의 여러 글 중에서 『삼위일체론』은 아마도 가장 번역하기 어려운 글일 듯싶다. 라틴어 표현이 어렵다는 뜻에서만이 아니라, 신학적인 논변의 배경과 요점을 고려해야 한다는 점에서 『삼위일체론』의 번역은 결코 쉽지 않은 작업일 것이다. 영역판도 그렇고, 우리말 번역 또한 다르지 않을 듯싶다.

우리말 번역본을 보면서도, 대체 무슨 말을 하는 것인지 쉽게 파악되지 않는 대목이 더 많기도 하다. 번역자들의 수고가 충분히 짐작은 가지만, 이해하기 어려운 번역이라는 점 또한 분명해 보인다. 라틴어 직역도 아니고 영어 중역본을 참고한 주제에 딱히 뭐라 할 말은 없고, 독자 여러분께 양해를 구한다. 여기에 필자의 난독증도 큰 몫을 했을 듯싶다.

어쨌든, 삼위일체의 신비라는 것 자체가 수학 공식처럼 딱 떨어지는 논의가 아니다. 다만, 아우구스티누스가 『삼위일체론』에서 토로한 것처럼 '힘닿는 데까지' 쉽게 풀이해 볼 생각이다.

물론 완벽하다고 자신할 수는 없다. 다만, 삼위일체 하나님을 향한 의미 있는 관심들로 이어지기를 기대해 본다. 같은 뜻에서 이 책의 제II부 제목에 '힘닿는 데까지'라고 표현한 이유를 재차 설명할 필요는 없을 듯싶다.

## 2. 『삼위일체론』의 구조와 흐름

『삼위일체론』은 매우 크고 중요하고 조심스러운 주제이다. 아우구스티누스는 삼위일체론을 하나님에 대한 정통 교회의 가장 권위 있는 해석으로 확고히 정착시켰다. 세부 내용을 분석하기에 앞서, 참고할 것이 있다. 특히 『삼위일체론』의 분위기에 대해 유의할 필요가 있다.

삼위일체 하나님께 대한 설명에서 아우구스티누스가 취한 방법론은 '성경 주해'와 '신학적 논증'이다. 앞서 말한 것처럼, 『삼위일체론』은 '삼위일체 하나님께 대한 신앙고백을 통해 구원을 받음으로써 영원한 행복에 이르고자 하는 영혼의 여정을 돕기 위한 책'으로 399년~420년 기간에 저술되었다.

역사적으로, 이 기간은 아우구스티누스 이전에 이단으로 정죄되었던 아리우스의 교설이 다시 등장한 시기였다. 아리우스 이단의 재현을 보면서, 아우구스티누스는 히포 교구의 그리스도인들을 보호하기 위해서라도 제대로 된 『삼위일체론』을 써야 할 절박함을 느꼈을 듯싶다.

삼위일체론과 관련하여 아우구스티누스의 등장을 신학의 사변화라는 관점에서 폄훼하는 경우가 있기는 하다. 비판가들은 내심 아우구스티누스가 신앙고백을 철학의 전문용어들로 변환해 생동감보다는 학문적 연구의 대상으로 만들어 버렸다고 생각하는 것 같다.

아우구스티누스가 과연 회심 이후에도 기독교인이었는가 혹은 신플라톤주의자였는가의 문제는 쉽게 풀리지 않는 질문이다. 아우구스티누스가 초기에 그리스철학과 기독교를 종합하는 관점에서 집필한 책들이 있기는 하다. 그러나 그 책들이 철학적 분위기를 가진 것이기는 해도, 본질적으로는 신학적 내지는 신앙적 필요에 의해 착수한 것들이었다.

『삼위일체론』에서 철학의 용어들이 사용된 것을 두고 전적으로 아우구스티누스를 탓할 수 없다. 아우구스티누스 이전에 호모우시오스, 휘포스타시스와 같은 전문용어들이 신학자들에 의해 적용되고 있었기 때문이다.

아우구스티누스는 오히려 이러한 용어들이 성경적 고백이자 교회의 고백인 삼위일체 하나님을 향하여 어떻게 적용되는 것이 바른 것인지를 보여 주었다. 아우구스티누스의 『삼위일체론』이 주목받는 이유가 이것이다.

이러한 뜻에서, 『삼위일체론』의 제I부에서는 성경의 본문들을 신중히 대조하고 결합해 성경을 근거로 하는 삼위일체론을 제시한다. 제II부에서는 삼위일체의 교리를 반대하거나 이단적으로 왜곡하는 주장들에 대해 삼위일체론을 변증하고 삼위일체의 흔적들을 찾아내어 삼위일체 하나님을 향한 신앙의 중요성을 논증한다.

둘 중의 우선권을 묻는다면, 성경의 권위가 철학의 권위보다 우선한다. 아우구스티누스에게서 성경의 권위는 철학자들의 전문용어를 넘어서는 절대적인 것으로서, 아우구스티누스가 『삼위일체론』에 철학적 논의를 일부 응용한다고 해서 그것이 곧 신앙의 사변화를 말해 주는 것이라고 속단해서는 안 된다.

일반적으로, 전반부는 I권부터 VII권, 후반부는 VIII권부터 XV권으로 구분한다. 전반부에서는 성경을 중심으로 삼위일체를 다루면서, 삼위일체를 외면하는 듯한 성경표현들이 실제로는 삼위일체를 말하고 있음을 설명한다.

후반부에서는 삼위일체의 흔적들을 말해 주고 있다. 물론, 세 부분으로 나누는 경우도 있다. 이를테면, I권부터 VII권까지, VIII권부터 X권까지, 그리고 XI권에서 XV권까지를 구분하는 방식이다.

아우구스티누스 자신의 구분법에 따르면, 『삼위일체론』은 크게 두 부분으로 나눌 수 있다. I권에서 VII권까지는 삼위일체에 대한 바른 이해의 필요성을 강조하고 오류들에 반박한다. VIII권에서 XV권까지는 삼위일체에 대한 비유적 설명을 다룬다. 그중에서, 마지막 XV권은 전체의 논지를 요약하고 결론을 맺는다.

우리는 이 책에서 아우구스티누스의 방식을 따르게 될

것이다. 전체를 두 부분으로 나누는 것은 맞지만, XV권을 별도로 취급할 생각이다. 전체의 요약인 동시에 결론부에 해당하기 때문이다. 아울러, 전체를 뭉뚱그려 설명하는 방식보다는 가급적이면, 각 권의 내용을 충실히 요약하고 소개하도록 하겠다.

예를 들어, 전체의 흐름을 유지하면서도 I권에서는 어떤 내용이 다루어졌는지 개괄하고 전후 관계가 어떻게 되는지 설명하는 방식을 취한다는 뜻이다. 모쪼록, 이러한 노력이 삼위일체론을 이해하는 데 작은 도움이라도 되었으면 좋겠다. '힘닿는 데까지' 말이다.

# II.
## 『삼위일체론』, 힘닿는 데까지

### 1. 오류를 넘어서(I-VII권)

제I권

'오류'라는 말은 본래 논리학에서만 사용되던 것이었지만, 심지어 컴퓨터 프로그램에도 'error'라는 단어가 사용되는 것을 보면, 오류의 범위와 대상을 한정 짓기란 쉽지 않을 듯싶다. 논리학에서는 사유의 내용과 대상이 일치하지 않는 판단을 오류라고 하며, 무엇보다도 진리眞理의 반대말로 사용된다.

흥미롭게도, 『삼위일체론』의 I권 첫 부분은 '오류'에 관한 것으로 시작된다. 신앙보다 이성을 강조한 나머지 이성을 오용하여 삼위일체 신앙을 공격하는 궤변가들에게 반박하기 위한 목적으로 집필한다는 말로 시작한 첫 부분에서 궤변가들이 '오류'를 저지르고 있다고 말한다.

무엇보다도, 물체적 관점에서 하나님을 설명하려 하거나 하나님을 인간의 영혼과 같은 부류에 속하는 존재로 설명하는 것은 오류에 이르고 만다. 하나님은 그런 부류의 존재와 같지 않기 때문이다. 혹은 앞의 두 경우에 속하지는 않지만 그릇된 선입견에 사로잡혀 있는 경우 또한 오류에 속한다.

요점은 이것이다. '삼위일체' 자체가 신앙에 속하는 것이라는 점에서 성경 아닌 다른 것을 근거로 삼는 것은 문제가 있다는 것이다. 아우구스티누스가 보기에, 형체를 가진 물체들에 대한 설명을 형체가 없는 영적 실재에 적용하려는 것은 오류에 빠지기 쉽다.

이러한 오류를 피하기 위해, 삼위일체에 대한 논의는 신앙의 관점에서 접근해야 하며, 성경을 따르는 것이어야 한다. 아우구스티누스의 『삼위일체론』에 성경이 자주 언급되는 이유가 이것이다.

삼위일체의 진리에 관한 기본적인 신조들을 바르게 설명하는 과정에서, 아우구스티누스는 그리스도인들에게 분명한 약속, 즉 하나님을 바라볼 수 있는 행복이 약속되어 있음을 언급한다. 성자께서 그리스도인들을 하나님의 나라에 인도하여 '얼굴과 얼굴을 대하여'(고전13:12) 하나님을 뵙는 경지에 이르도록 이끌어 주실 것이라는 약속이 그것이다.

아우구스티누스는 하나님을 바라봄visio Dei이야말로 행복의 완성이라고 생각했다. 그는 성자께서 그리스도인들을 이끌어 하나님을 뵙게 하실 때, 그리스도인들이 영원한 안식과 기쁨을 누리게 될 것임을 확신하면서, 마리아와 마르다 자매의 예를 들어 중요한 교훈을 준다.

주의 발아래 앉아 주의 말씀을 열심히 들은 마리아는 이 기쁨과 비슷한 것을 보았다. 말하자면, 마리아는 모든 일을 멈추고 세상에서 할 수 있는 최선을 다해 진리에 열중했으며 그렇게 함으로써 영원한 내세의 모습을 미리 본 셈이다(I.10.20.).

마르다의 선택이 악한 것이라는 뜻이 아니다. 마리아가 선택한 것이 선한 것이며 결코 그것을 빼앗기지 않고 누리게 될 것이라는 교훈을 주기 위함이다. 마르다의 경우처럼, 일정한 목적을 위한 노고는 그 필요가 충족되면 사라지고 말지만, 참된 선을 향한 것에 대한 보상은 영원하다는 뜻이다.

아우구스티누스에 따르면, 우리의 마음은 내면으로 들어가 하나님을 뵈옵는 경지에 이르러야 한다. 하나님을 뵙는 경지에서는 하나님이 '모든 것의 모든 것'이 되실 것이며, 하나님 외에 아무것도 필요하지 않을 것이며 하나님의 빛을 받아 누리게 될 것이다.

이것은 종말론적 완성의 때에, 하나님 나라의 구성원인 그리스도인들이 성부와 성자와 성령을 뵙게 될 것이라는 맥락과 관련된다. 이성에 대한 집착에 의해서가 아니라 믿음의 눈으로 삼위일체에 접근해야 한다는 뜻이 담겨 있다. 우리가 주목하려는 것은, 하나님을 뵙는 경지에서 인간의 행복이 완성된다는 점이다.

아우구스티누스의 표현대로 하자면, 삼위일체 하나님을

찾아가는 길은 이해의 길이라기보다 사랑의 길이다. 이성
적으로 이해할 수 없는 설명이 나온다면, 그것은 글 쓰는
자나 이해하는 자의 능력 탓일 뿐이다. 오류를 범하는 자들
도 성경을 근거로 말하기도 하지만, 그것은 옳지 않다.

결정적으로, 사랑의 법에서 출발하지 않은 성경 해석은
오류를 낳는다. 예수 그리스도를 중심으로 성경을 해석하
는 전통은 아우구스티누스에게서 분명하게 적용되고 있
다. 물론, 그의 성경해석을 두고 다른 평가를 내리는 경우
도 있기는 하다. 이에 대해서는 간단하게 소개하기도 어렵
고 그것이 어떻게 평가되어야 하는지에 대해서도 말하기
어렵다.

어쨌든, 아우구스티누스가 성경의 권위를 최우선에 두었
다는 점은 두말할 필요가 없다. 아우구스티누스가 I권을 마
무리하면서 요약한 부분에도 잘 드러난다.

이러한 (하나님을) 뵈옵는 것의 근거는 성경에 있으며, 사랑
의 눈으로 그것을 찾는 사람이라면 그것이 성경 전체에 가득
차 있음을 볼 수 있을 것이다. 이것이야말로 우리의 최고선

이며, 우리에게 주신 계명들은 바로 이것을 얻기 위해 모든 일을 바르게 행하라는 뜻을 담고 있다(I.13.31.).

## 제II권

II권에서도 성경에 근거한 삼위일체의 논의가 이어진다. 특히 성경의 인물들을 예로 들면서, 그들이 하나님을 뵈었던 일들을 두고 마치 하나님을 형체를 지닌 존재로 오해해서는 안 된다는 점을 일깨워 준다. 아담, 아브라함, 롯, 모세, 다니엘 등에게 하나님께서 나타나신 일들을 소개하면서, 아우구스티누스는 삼위일체 하나님이 눈에 보이는 형체로는 설명될 수 없는 영원불변의 존재임을 강조한다.

아우구스티누스에 따르면, 삼위일체에 대한 이해 과정에서 여러 난관을 만나게 마련이다. 그 와중에 오류에 빠지게 되면 두 가지 문제를 낳는다. 즉 속단하게 되거나 진실을 알게 된 후에도 자신의 속단에 따라 억지를 부리기도 한다. 이러한 두 가지 결함을 극복해야 한다.

이러한 전제들을 기초로 아우구스티누스가 말하고자 하는 요점은 이것이다. 성부와 성자는 본질의 동일성과 동등성을 지닌다. 성자는 성부에게서 나셨고, 성자가 역사하는 권능은 성부에게서 받으신 것이다. 성자가 '나보다 크신 이'를 말한 것을 두고 성부보다 작으시다 주장하는 데서 주의할 것은 성부와 성자가 동등하지 않다는 뜻이 아니라, 성자의 출생을 뜻한다.

참고할 것은, 삼위일체의 표현 중에서 '낳음generatio'과 '발하심processio'의 구분이다. 성부의 성자와 성령의 신적 파견의 설명에서, 성자의 경우는 '아버지-아들'의 관계에 기초한 'generatio'를 사용하여 '독생 성자unigenitus'이심을 표현한다.

그리고 성령의 경우, 'processio'를 사용하여 위로자로 세상에 파견받으셨음을 표현한다. 이는 유사성similitudo의 관점과는 달리 자기복제 혹은 일부의 손실을 통한 분리를 뜻하는 것은 아닌 방식으로 성령께서 성부로부터 나오셨다는 점을 보여 준다.

아우구스티누스가 보기에, 오류에 빠진 자들은 삼위일체에 대한 성경의 기록을 무시하고 성자와 성령이 아닌 성부에 대한 것만으로 생각하려 든다. 그들은 성자께서 나타나신 것이 동정녀 탄생의 경우가 아니라고 억지 부리면서 성자 자신이 구약의 조상들에게 나타나셨다고 말한다.

하지만 이것은 성자를 죽음을 피할 수 없는 육신의 존재로 설명하는 것에 불과하며, 결과적으로 삼위일체를 부정하는 것이다. 그들은 성부와 성자와 성령의 본질이 불가시적이며 영원불변하다는 사실을 놓치고 있다.

나아가, 아우구스티누스는 성경에 나타난 삼위일체의 표현들에 대한 바른 해석의 중요성을 구체적으로 열거한다. 창세기에서, 천지를 지으실 때 단정적으로 삼위일체 어느 위격이라고 말하기는 어렵다.

아담과 대화하실 때, 삼위일체 자체였다고 해석하지 못할 이유는 없다. 아브라함에게 나타나신 경우에도 단정 지을 수 없다. 다만 세 사람의 형체로 나타나신 경우에 대해서도 단수를 사용했다.

또한 떨기나무 아래에서 모세를 만나신 경우, 삼위일체 중 어느 위격에 해당한 것인지 단정 지을 수 없지만 성자 혹은 성령일 수 있다. 장래 일을 알려 주고 사명을 주었다는 점에서 말이다.

이 외에도 바르게 해석되어야 할 문구들은 다양하게 남

아 있다. 시나이 산에서 나타나신 구름과 음성과 번개와 안개 등에 대해서도 다양한 해석이 있다. 모세가 하나님과 더불어 친구처럼 대화했다는 부분은 육체의 눈으로 본 것이라기보다 표현상의 문제일 듯싶다.

무엇보다도 유의해야 할 것은 물체적 생각에 사로잡혀서 성경의 표현들을 왜곡하는 오류에 빠져서는 안 된다. 성부와 성자와 성령께서 유일하신 하나님이시며, 나타나신 모습들은 때와 장소에 적합하게 암시되는 것일 뿐이다. 요컨대, 물체적 관점에 물들어 성경의 표현들을 경솔하게 단정 짓지 말라는 것이다. 그것은 오류에 빠지는 것일 뿐이기 때문이다.


### 제III권

III권에서, 아우구스티누스는 독자들의 주의를 환기한다. 아우구스티누스에 따르면, 자신의 말과 붓은 사랑으로 묶여 있다. 사랑으로 교회의 종이 된 자로서, 그리스도에 대해 배우고자 하는 자들의 요구를 무시할 수 없다는 것이 『삼위일체론』 집필의 또 다른 이유임을 말하면서도 그가 쓴 글을 마치 성경인 듯 여기지 말라고 경계한다.

내 글에 진리가 담겨 있다면 그것을 이해하고 사랑하게 될
때 내 것이 아니라 당신의 것도 될 수 있다. 내 글에 오류가
있다면, 내 잘못에 속하는 것이겠지만 모두가 그 오류를 피
해야 할 것이다(Ⅲ.2.2.).

이것은 자신의 관점에 대한 겸손의 표현인 동시에, 아우
구스티누스 자신의 글 혹은 구약성경의 표현들에 대한 오
해에 묶여 있을 것이 아니라 삼위일체 그 자체에 대한 관심
을 촉구한 것으로 볼 수 있겠다.

예를 들어, 출애굽기에서 애굽의 술객들이 흉내 내기를
했던 것처럼, 속이는 자들을 속이기 위해 능력을 허락하시
기도 하지만, 그들은 마침내 하나님의 정죄를 받는다. 이처
럼, 믿는 자들에게 경계하시기 위해 능력을 사용하시는 경
우도 있다.

애굽의 요술사들이 한 짓은 '사람의 이름을 금으로 쓰고
하나님의 이름을 잉크로 쓴' 격이다. 아우구스티누스가 보

기에, 애굽 술객들의 속임수는 하나님의 권능을 대신할 수 없는 얄팍한 시도에 지나지 않는다. 어찌 보면, 그들의 속임수는 하나님을 향한 교만의 표현이다.

물체적 사고를 기준으로 삼위일체를 해석해서는 안 되는 이유가 있다. 물체적 현상들 자체가 하나님을 말해 주는 것이 아니라, 하나님의 뜻이 물체적 현상을 통해 드러나는 것이기 때문이다. 하나님은 자신의 임재를 계시하시기 위해 현상계의 질서들을 사용하신다.

예를 들어, 모세의 지팡이가 뱀이 되게 하신 것처럼 모든 것은 하나님께서 주관하신다. 모든 보이는 것들은 결국 하나님의 뜻대로 되는 것이다. 오직 한 분이신 하나님만이 모든 것의 창조주이시다. 하나님은 창조하신 모든 것을 사용하신다.

분명한 것은 이것이다. 삼위일체에 대한 오류를 피하고 바른 이해에 이르기 위해서는 성경에 근거하여 성찰해야 한다. 성경에 근거하면 성부, 성자, 성령은 하나님 한 분이시며 그 어느 분도 그 존재와 본성이 전혀 변하지 않으며, 눈에 보이시지 않는다. 아우구스티누스는 하나님의 본질은 라틴어로 'substantia'보다는 'essentia'라는 단어를 사용하여 설명하는 것이 적합하다는 점, 성부와 성자와 성령의 본질 자체는 불변하며 인간의 육안으로 볼 수 있는 대상이 아니라는 점을 재삼 강조한다.

특히, 모든 것의 처음 원인은 하나님으로부터 나온다. 피조물이 지닌 물체적 형상들로 하나님을 설명하는 것은 옳지 않다. 아우구스티누스에 따르면, 우리가 삼위일체를 이해하는 것은 지극히 낮은 수준에서 이해하는 것일 뿐, 삼위일체의 본질 자체는 불변한다. 다시 말해, 인간의 감관을 통해 볼 수 있는 형체가 아니다.

유의할 부분이 있다. 구약에서 나타나신 일들은 각각의 경우에 적합하게 하나님의 경륜을 따라 피조물을 통해 이루신 것이며, 천사들을 통하여 말씀을 전하신 것 또한 하나님의 백성을 위하여 그렇게 하셨다.

여기에서 우리는 인간의 진정한 행복이 모든 존재의 원인이신 하나님께만 있다는 사실을 재차 확인할 수 있다. 시간 그 자체를 창조하신 영원한 존재로서의 삼위일체 하나님을 향하는 것만이 시간적 존재로서의 인간에게 진정한 쉼을 얻게 하는 길이며, 그것이 참된 행복이라는 강조일 듯싶다.

### 제IV권

IV권에서는 성자께서 세상에 보내심을 받은 목적에 대해
집중적으로 설명한다. 아우구스티누스는 모든 죄인의 중
보자로 오신 그리스도를 통해서만 구원받을 수 있다는 점
을 강조한다. 성자께서 종의 형상을 입은 것은 바로 이러한
구원의 목적을 위한 것이었으며, 그리스도의 부활 또한 구
원을 위한 것이다.

성자께서 인간을 구원하기 위해 오셨다는 사실을 강조하
기 위해 아우구스티누스는 인간의 현실과 하나님의 본성에
대해 설명한다. 아우구스티누스에 따르면, 하나님의 독특
한 본성은 영원성과 진리와 의지의 면에서 변함이 없다. 거
기에서는 진리가 영원하며, 사랑이 영원하기 때문이다. 우
리는 비록 이러한 불변의 기쁨에서 떠나서 나그네가 되었
지만, 아주 끊어져 버린 것은 아니다. 변화무쌍한 것들 가
운데서도 영원과 진리와 행복을 구하며 살아야 한다. 하나
님은 우리가 구하는 것이 이 세상에는 없으며, 우리는 이 나

그넷길을 버리고 그곳으로 돌아가야 한다고 경고하신다.

주목할 부분은 인간이 영원한 기쁨과 행복으로부터 빗나가 있으며, 그리스도인은 그 영원한 기쁨과 행복을 향한 순례의 길을 가야 한다는 점을 강조한 대목이다. 덕 윤리와 연관 지어 설명하자면, 그리스도인의 정체성을 요약해서 보여 준 것이라 하겠다.

아우구스티누스가 보기에, 인간의 참된 행복은 이 세상에 없으며, 순례를 마치고 그곳으로 돌아가야 한다. 아우구스티누스의 덕 윤리가 현세적 완성을 주장하는 고대철학자들의 그것과 확연하게 구분되는 지점이 바로 여기다.

인간은 현세적 완성의 존재가 아니라, 순례자의 길을 걷고 있다는 관점이 기독교적 덕 윤리가 지닌 독특성을 잘 보여 주고 있다. 그가 아직 『신국론』 집필을 완성한 상태는 아니었지만, 아우구스티누스가 하나님을 사랑하는 자로서 하나님의 도성을 향하여 나아가는 존재임을 암시하는 부분인 셈이다.

이러한 순례의 인생에 대한 설명에서 인간을 하나님의 위대한 사랑의 대상이라는 점을 잊지 않는 것이 중요하다. 카리타스의 관계, 즉 하나님의 인간을 향한 카리타스에 바르게 응답하는 동시에 하나님을 사랑의 대상으로 상정한 카리타스의 덕 윤리가 확립되어야 하는 이유가 여기에 있다.

특히 삼위일체 하나님을 사랑의 하나님으로 설명했다는 점에서 각별히 유의할 필요가 있다. 아우구스티누스에 따르면,

무엇보다도, 우리는 하나님이 우리를 크게 사랑하신다는 것을 믿어야 한다. 그렇지 않으면, 우리는 실망하여 감히 하나님께 나아가려 하지 않게 될 것이다. 하나님의 사랑을 받는 우리가 어떤 존재인지를 알아야 한다. 그렇지 않으면, 우리는 스스로 교만하여 마치 자신에게 공로가 있는 듯 생각하여 하나님으로부터 멀어져서 더욱 무력해지고 말 것이다. 하나님은 우리에게 힘을 주시며 겸손의 약함을 따라 사랑의 덕이 완성될 수 있도록 하셨다(IV.1.2.).

인간의 힘으로는 영원한 행복에 이를 수 없다는 것을 깨달아야 한다. 특히, 자기 의와 공로를 통해서는 구원의 행

복을 이루어 낼 수 없다는 점을 인식해야 한다. 이것이 아우구스티누스의 요점이다.

고대철학자들이 현세적 완성을 통해 행복을 추구하거나 혹은 백번 양보하여 내세적 조망을 가졌다 하더라도, 이 부분에서는 기독교의 내러티브를 흉내 낼 수 없다. 행복은 인간이 추구하는 것이지만, 인간의 처분에 달린 것이 아니며 인간의 노력을 통해 성취되는 것이 아니라는 점에서 말이다.

아우구스티누스가 말한 것처럼, 인간은 스스로를 알아야 한다. 마치 자신에게 공로가 있는 듯 교만하게 되어 하나님으로부터 더욱 멀어지며 더욱 무력하게 되지 말아야 한다는 뜻에서 말이다.

오히려, 하나님은 인간의 공로에 대해 보답을 주시는 것이 아니라, 거저 주신다. 바로 이 점에서 은혜가 중요하다. 우리에게 가치가 있어서가 아니라, 하나님께서 원하시기 때문이다. 인간이 교만하지 말아야 할 가장 중요한 이유가 바로 이것이다.

아우구스티누스에 따르면, 인간의 본성은 하나님이 아니

며, 죄 때문에 의롭지 않음을 기억해야 한다. 그래서 하나님이 의로운 사람이 되셔서 죄인인 사람을 위해 하나님 앞에서 중보자가 되셨다.

그리스도의 죽음은 우리의 두 죽음에 대해 구원의 원인이 되었고 그리스도의 부활은 그리스도를 통한 인간의 부활을 예표한다. 그의 몸은 죽음과 부활 양쪽에서 우리에게 일종의 치료 약이 되었기 때문이다. 그것은 '속사람'의 신비와 '겉사람'의 예표가 되기에 적합한 치료제였다.

이러한 뜻에서, 삼위일체 하나님께 나아가려는 자, 즉 참된 행복에 이르고자 하는 자는 두 가지를 명심해야 한다. 사랑과 겸손이 그것이다. 아우구스티누스는 인간이 무상한 것을 사랑하여 죄에 감염되었으며, 죽을 운명의 뿌리가 그 죄를 인간의 본성에 깊이 박아 버렸다는 점을 상기시킨다.

그리고 인간은 반드시 정화되어야 하며, 오직 주께서 이루신 부활과 승천을 통해 그 소망을 볼 수 있다. 이와 관련하여, 아우구스티누스는 삼위일체의 확실성을 강조한다. 성부께서 성자를 보내셨다는 것을 믿지 못할 일이 없는 것은, 크고 작음의 문제가 아니라, 한 분은 아버지시요, 한 분은 아들이시기 때문이다.

말씀은 하나님의 말씀이며 하나님이 보내신다. 말씀을 낳으신 분이 보내신다. 성부가 낳으시고 성자가 나신 것 같이, 성부가 보내시고 성자가 보내심을 받으셨다. 그러나 낳으신 분과 나신 분이 하나이신 것과 같이, 보내신 분과 보내심을 받은 분은 하나이시다. 말하자면, 삼위일체이시다.

아우구스티누스에 따르면, 성부와 성자와 성령의 본질은 동일하시므로, 창조주 하나님 곧 전능하신 삼위일체 신으로서 분리할 수 없이 일체로서 역사하신다. 성부와 성자와 성령은 그 존재의 본성에서 세 분이 같은 하나님이시다.

나아가, 세 분은 함께 영원으로 영원까지 같은 하나, 즉 영원 자체이시다. 성부께서 성자를 보내셨다고 해서 성자가 더 작으신 것은 아니며, 성부와 성자가 성령을 보내셨다고 해서 성령이 더 작으신 것도 아니다.

어리석게도, 인간은 이러한 삼위일체 하나님을 향한 바른 응답 대신 오류와 억측을 자행하고 있다. 인간은 삼위일체에 대한 오류를 벗어나 선을 행하며, 거룩하고 간절한 소원으로 기도함으로써 마음이 정화되어 하나님의 도움을 받아 전진하여 깨달으며 사랑해야 한다. 한마디로, 경솔한 주장으로 삼위일체에 대한 오류를 확대하지 말아야 한다.

## 제V권

V권에서는 잘못된 이성의 근거를 따라 제시된 이단들에 논박한다. 아우구스티누스는 이단 교설에 대한 논박을 통하여, 하나님은 변함없는 유일의 존재이심을 강조하고, 위격persona이라는 단어를 인간중심적인 관점에서 해석하지 말라고 한다.

아우구스티누스는 삼위일체에 대한 성찰이 사람의 생각과 표현으로는 다 담아낼 수 없는 것에 속한다고 보았다. 하나님께 대해 가시적, 가변적, 가사적可死的, mortal, 의존적인 것들을 표준으로 적용해서는 안 된다는 취지이다. 이러한 전제에서, 아우구스티누스는 삼위일체를 담아낼 용어들에 대해 검토하고 바른 이해의 노력을 촉구한다.

이를 위해, 아우구스티누스는 삼위일체에 대한 설명에 사용되는 라틴어 'substantia', 혹은 'essenti', 헬라어 'ousia'를 검토한다. 그 요점은, 변하지 않으며 변할 수 없는 존재만이 진정한 의미에서 무조건적 존재라는 사실이다.

아우구스티누스가 용어들에 관심한 데에는 이유가 있다. 예를 들어, 아리우스파에서 성부와 성자의 본질이 다르다고 주장하면서 '난다'와 '나지 않는다'는 표현을 꼬투리 잡은 것은 매우 간교한 일이다. 오히려, 성경의 이 표현들을 반드시 본질의 차이에 관한 것이라고 해석할 필요는 없다.

아우구스티누스는 우연이란, 그것이 속한 존재가 변화할 때 사라지는 것이라는 점을 일깨워 준다. 하나님은 절대불변의 존재이시며 하나님께는 우연에 해당하는 부분이 없음을 강조하기 위해서이다.

동시에, 하나님께 대한 모든 표현이 곧 하나님의 본질만을 말하는 것은 아니며, 성부와 성자의 관계에 대한 표현일 수도 있다. 오히려 성부와 성자의 관계는 불변하는 것이라 할 수 있다.

이단에서는 '난다'와 '나지 않는다'는 표현이 본질에 관한 것이라고 해석하면서 본질의 차이가 드러나는 것이라는 자신들의 주장을 꺾지 않는다. 하지만 그들의 논법은 결국 궤변에 불과한 것으로서, 관계를 표시하는 언어는 본질에 관한 것일 수 없다.

이것을 라틴어 문법을 적용하여 설명하면 그 뜻이 더 잘 드러난다. '낳다'는 '낳은 이'에게, '나지 않았다'는 '낳은 이가 아님'에 각각 해당하는 것으로, 관계에 대한 표현이며 서로 다른 두 실체를 지칭하는 것이라 할 수 없다.

아우구스티누스에 따르면, 삼위일체에 적용되는 개념과 표현들은 신중해야 한다. 성부는 하나님이시요, 성자도 하나님이시요, 성령도 하나님이시라는 표현은 본질에 관한 것이지만, 세 하나님이라 하지 않고 한 분의 하나님이시다.

성부가 전능하시며, 성자가 전능하시며, 성령이 전능하시지만, 세 전능자가 아니라 한 전능자이시다. 아우구스티누스가 강조하는 것은 세 본질들essenoes이 아니다. 오히려, 'essentia'로 표기해야 하며, 이는 헬라어 'ousia', 라틴어 'substantia'에 해당한다.

라틴어를 굳이 표기하는 이유는 아우구스티누스가 용어의 구분에 유의하고 있기 때문이다. 아우구스티누스에 따르면, 라틴어에서 'essentia'와 'substantia'는 같은 뜻이며 한 'essentia'와 세 'substantia'라기보다 한 'essentia' 세

'persona'라는 개념을 적용해야 한다.

더구나 아우구스티누스는 삼위일체의 내적 연관성에 대해서는 '관계'를 지칭하는 표현을 사용한다. 성부, 성자, 성령은 한 분의 하나님이시며, 관계적 지칭이다. 성자는 성부의 아들이시며, 성령은 성부와 성자의 영이시다. 성령께서는 주어지시기 전에도 존재하셨다.

아우구스티누스에 따르면, 사람이 변덕스러운 것일 뿐, 하나님은 불변하신다. 변화하는 우연의 존재 혹은 물체적 관점의 인간중심적 표현으로 하나님을 설명하려 해서는 안 된다는 뜻이다. 그것은 오류를 낳을 뿐이며, 삼위일체에 대한 바른 이해를 위해서는 성경을 물체적 관점에서 해석하려는 시도를 하지 말아야 한다는 것이다.


제VI권

VI권에서도, 삼위일체를 둘러싼 의문점 혹은 신학적인 문제 제기들을 살펴보고 해답을 제시한다. 어떤 이들은 '그리스도는 하나님의 능력이요 하나님의 지혜'라는 말씀(고전 1:24)을 근거로 성부·성자·성령의 동등성을 인정할 수 없다고 주장한다.

　이것을 근거로 아리우스파에서는 성자가 열성이라고 말했다가 이후 그 주장을 철회한 경우도 있다. 혹은 '지혜'의 개념을 중심으로 하는 오해도 있었다. 성부 자신은 지혜가 아니라 지혜의 아버지일 뿐인가' 하는 의구심을 제기하는 사람들도 있지만, 아우구스티누스는 단호하게 말한다. '그렇지 않다.'

　아우구스티누스에 따르면, '지혜'를 비롯한 표현들이 성부, 성자 두 분의 본질을 표현한 것은 두 분 모두에게 해당한다. 성부와 성자는 본질적으로 하나이시며, 사도 바울의 표현은 한 지혜로우신 하나님을 말해 준다.

　다만, '하나님과 동등됨을 취할 것으로 여기지 아니하셨을 뿐이다(빌2:6).' 성자는 하나님과 동등하시다. 성자는 열등하신 분이 아니며, 성부와 그 본질이 동일하시다. 성령도 동일한 하나의 'substantia'이시다. 세 분은 하나님이시다. 한 분이시며, 위대하고 지혜로우시며 거룩하시며 복된 하나님이시다.

　이러한 뜻에서, 지혜로우시며 거룩하시고 복되신 하나님

은 참된 행복의 원천이시다. 우리의 행복은 하나님에게서 오며, 우리는 하나님으로 말미암아, 또 하나님 안에서 행복하다. 우리는 하나님께 붙어 있는 것이 좋다. 주를 떠난 모든 자에게 멸망이 올 뿐이다. 아우구스티누스의 요점은 분명하다.

세 분은 한 분이시며, 유일하시며, 위대하시며, 지혜로우시며, 거룩하시며, 행복하신 하나님이시다. 그리고 우리는 하나님으로부터, 하나님을 통하여, 하나님 안에서 행복해진다.(VI.5.7.).

아우구스티누스에 따르면, 삼위일체라고 해서 이 표현을 각각의 세 분이 본질이 서로 다른 세 분 나름의 존재라고 생각해서는 안 된다. 유일하신 하나님이라는 표현은 삼위일체 하나님을 지칭한다. 무엇보다 흥미로운 부분은, 아우구스티누스가 이러한 삼위일체 하나님의 '흔적'에 관심한다는 사실이다.

피조물들에게 삼위일체의 모상이 담겨 있는 듯싶다. 삼위일체에 만물의 최고의 근원이 있으며 가장 완전한 아름다움이 있으며 가장 복된 기쁨이 있다. 하나님은 한 분이시나 동시에 삼위일체이시다(Ⅵ.5.12).

## 제Ⅶ권

Ⅶ권에서도 이러한 논의가 이어진다. 아우구스티누스는 '성부와 성자는 함께 한 본질적 존재, 한 위대성, 한 진리, 한 지혜이시다'라고 말한다. 각 위격의 이름은 관계를 말해 주는 것이며 성부와 성자가 함께 한 지혜와 한 본질적 존재 이시다. 다만 함께 말씀이시거나 아들이신 것은 아니다. 성자는 성부와 동등하시지만, 자기를 비워 종의 형체를 가지셨다. 그렇다면, 인간은 어떻게 해야 삼위일체 하나님을 뵈옵는 복된 경지에 들어갈 수 있는가? 인간이 하나님을 알 수 있는 길은 인간이 되신 하나님을 따르는 길 뿐이다. 인간이 되신 하나님, 즉 성자를 따르기 위해서는 카리타스의 사랑이 요구된다.

우리는 행복에 이르기 위해 하나님께 나아가야 하지만, 하나님을 직접 인식할 수 없다. 우리는 사람이 되신 하나님을 따름으로써 하나님을 알 수 있으며, 그분은 우리가 진정으로 따라야 할 분이다. 우리는 사랑으로 그분에게 붙어 있어야 한다. 이 사랑은 우리에게 보내신 성령을 통해 우리에게 주입된다(롬5:5)(VII.3.5.).

성자 하나님을 따르는 사랑, 즉 카리타스의 중요성이 강조된 셈이다. 사랑에 의해 행복에 이를 수 있으며, 그 사랑은 성령에 의해 주입되는 은혜라는 점에서, 기독교적 덕 윤리의 중요한 지평을 가늠해 볼 수 있다. 행복은 고대철학자들의 내러티브를 통해서 이루어지는 것이 아니다. 그것은 우리에게 '주어진다.'

다시 말해, 아우구스티누스의 덕 윤리에서는 하나님께서 복을 주셔야 행복할 수 있다. 이는 기독교의 덕 윤리가 은혜에 기초한 것임을 보여 주는 중요한 단초이다.

말하자면, '삼위일체'야말로 기독교적 덕 윤리의 텔로스이다. 아우구스티누스의 덕 윤리가 어설픈 혼합물이 아닌,

기독교 고유의 신앙고백을 배경으로 삼는 것이라는 사실이
확인되는 셈이다.

카리타스의 중요성을 강조하는 것과 더불어, 아우구스티
누스는 인간의 그 불결한 모습이 없어질 때까지 성부 성자
성령이신 한 하나님을 믿어야 함을 강조한다. 어떤 용어를
쓰든 간에 오류를 넘어서 성경을 바르게 해석하여 삼위일
체를 믿는 것만큼 중요한 것은 없다.

덮어놓고 믿으라는 뜻이 아니다. 믿음 이후에 이해를 추
구해야 한다는 뜻이다. 지성으로 도달할 수 없는 대상이라
고 해서 문제가 되는 것이 아니다. 지성의 한계를 넘어선
대상에 관해서는 믿음으로 수용하는 것이 우선일 것이다.
보이는 것이 전부는 아니며, 믿어야 보이는 것도 있는 법
이다.

여기에서, I권의 첫 장으로 돌아가 보자. '삼위일체'에 관
한 이해는 그 자체로 무척이나 중요한 주제이다. 아우구스
티누스가 말한 것처럼, 만일 신학적 오류를 저지를 경우 이
주제보다 더 위험하고 탐구하기 어려운 것도 없다.

바르게 이해할 경우, '삼위일체'에 대한 주제만큼 진리의

인식에 유익한 것도 없다. 한마디로, 하나님께 대한 바른 이해가 필요하고 온전한 믿음이 중요하다는 것이 아우구스 티누스의 관점이다.

## 2. 안으로 들어가라!(VIII-XIV권)

### 제VIII권

『삼위일체론』의 모든 부분이 중요하겠지만, 더욱 빛나는 부분이 있다면 그것은 삼위일체의 흔적을 찾아가는 과정 이다. 책 제목이 주는 인상대로 하자면, 삼위일체의 교리를 다룬 것이라는 점에서 삼위일체 하나님에 대한 신학적 논 의들이 주를 이룰 것 같지만, 실제로는 삼위일체의 흔적을 담고 있는 인간에 대한 성찰로 이어지고 있다.

그렇다고 해서, 아우구스티누스가 삼위일체를 성찰하지 않았다는 뜻이 아니다. 인간에 대한 성찰을 통해 삼위일체 하나님을 향하도록 이끌고 있다는 점을 강조하고 싶은 셈 이다. VIII권~XIV권까지의 내용을 주의 깊게 읽어야 할 이유 가 이것이다.

특히, 이 부분에서 아우구스티누스에게 일관되게 나타나는 '내면화'의 과정에 각별히 유의해야 한다. 외부 사물에 대한 분석과 해설로부터 인간의 의식이라는 내면으로 환원되는 과정 말이다. 이것은 아우구스티누스 고유의 인문학적 접근법으로서, 그의 사상 전반에 삼투해 있다.

아우구스티누스의 접근법은 인간 내면으로 향한다. 아우구스티누스는 점차 인간 내면으로의 여정에 깊이 관심하게 된다. 존재론에서 인간학적 관심으로, 그리고 인간 의식의 분석에 이르는 내면화를 심화시켜 간다.

이러한 뜻에서, 『삼위일체론』은 『고백록』과 밀접한 연관이 있다. 혹은 『고백록』의 연장선에 있다. 외부세계에 대한 관심을 인간의 내면으로, 내면의 골방으로 이끌어 간다. 말하자면, 『삼위일체론』은 『고백록』에서 보여 준 내면화를 더욱 심화시켜 간다.

예를 들어, 기억에 대한 논의는 『고백록』 X권에서 말한 기억에 대한 논의와 밀접하게 연관된다. 『고백록』에서 간략히 언급했던 것이 『삼위일체론』에서 더욱 심화되는 형태로 다루어지고 있는 셈이다.

일반적으로, 아우구스티누스의 『삼위일체론』은 '심리학적 삼위일체론' 혹은 '심리적 삼위일체론'이라고 불린다. 인간 정신에 관한 분석이 근간을 이룬다는 뜻일 듯싶다. 하지만 그것보다는 인간의 내면에 대한 성찰을 근간으로 삼는다는 점에서 '내면성'에 대한 관심이라고 말하는 것이 적절하다.

이러한 관점이 적용된 데에는 충분한 이유가 있다. 인간이야말로 하나님의 형상을 지닌 존재라는 점에서, 삼위일체의 신비에 대한 성찰 역시 인간에게 남겨진 흔적들을 통하여 접근해야 하며 특히 인간의 정신 혹은 의식에 대한 성찰이 중요하다는 생각을 반영하고 있는 셈이다.

이 과정에서, 아우구스티누스는 인간 외적 요소에 대한 탐구로부터 인간의 내면에 대한 탐구로 그 관점을 전환한다. 그리고 인간에 대한 이해를 통해 삼위일체 하나님을 향하여 나아간다. 내면화 과정이 전개되고 있는 셈이다.

그것은 인간의 위대성을 발견하기 위한 것이 아니라, 인간에 대한 내면적 인식을 통해 인간이 지향해야 할 초월의 존재이신 삼위일체 하나님을 바라보게 하려는 것이었다.

아우구스티누스는 삼위일체 하나님을 통해 인간의 참모습을 볼 수 있으며 인간이란 삼위일체 하나님을 향하여 살아야 하는 존재임을 강조한다.

아우구스티누스는 단계적으로 인간의 마음에 대한 분석과 삼위일체의 흔적을 찾는 작업을 추구한다. 외적 인간과 내적 인간의 구분, 지혜와 지식의 구분 등을 적용하여 인간 정신의 심리구조를 4단계로 설명하면서 삼중구조에서 삼위일체의 흔적을 찾아내어 삼위일체 하나님께 대한 유비를 전개한다.

아우구스티누스가 주목한 삼위일체의 유비들은 대략 다음과 같다. '정신mens-지식notitia-사랑amor', '자기 기억memoria sui-지성intelligentia-의지voluntas', 그리고 '하나님에 대한 기억memoria Dei-지성intelligentia-사랑amor'이다.

중세철학연구의 권위자, 질송E. Gilson은 이러한 유비들이 공통점을 지닌다고 해석한다. 영혼의 영적인 눈에 기초한 것이라는 점에서, 우연적인 것이 아닌 하나님의 형상을 따라 지은 본질적 특성을 지닌 것이라는 점에서, 그리고 삼위일체의 세 위격에 대한 개념들을 얻게 한다는 점에서 공통

점을 지닌다.

유의할 것은 이 유비의 깊은 이해를 위해 외적 인간으로부터 내적 인간으로 들어가야 하며 흔적들에 머물 것이 아니라 우리 자신 안에 있는 창조주의 형상을 찾아야 한다는 점이다. 말하자면, 피조물 중에 삼위일체의 흔적을 가진 것들에 대한 성찰로부터 인간으로 관심을 집중한다. 외부에서 안으로 향하여 나아가고 있는 셈이다.

그리고 인간에 대한 성찰에서도 외면적인 성찰보다는 인간의 내면으로 들어가라고 권한다. 인간에 대한 성찰을 내면의 관점에서 풀어 가라고 말하는 이유가 이것이다. 인간이 하나님의 형상, 즉 하나님과 유사성을 지닌 존재로 창조되었고 특히 영혼 안에 그 흔적이 가장 내밀하게 남아 있기 때문이다.

Ⅷ권에서, 아우구스티누스가 '카리타스'에 삼위일체의 흔적이 드러나 있음을 강조한 사실에 유의할 필요가 있다. 아우구스티누스는 초반부에 했던 주장, 즉 하나님께 대한 진리에 이르기 위해서는 모든 물체적인 생각을 버려야 한다고 주장하면서, '최고선' 개념을 도입한다.

이 논의는 하나님을 보여 달라고 하거나 보고 싶어 하는 인간의 욕구에 대한 성찰로부터 시작된다. 앞부분에서, 하나님을 물체적 관점에서 설명하려는 시도들에 대해 논박했던 것도 같은 맥락일 듯싶다.

하나님을 뵐 수 있는 길은 믿음의 눈으로 보는 데 있다. 아우구스티누스가 독자들로 하여금 육안으로 피조물의 좋은 모습, 즉 선을 바라보는 것에서 출발하여 모든 선의 선, 즉 최고선을 향하도록 이끌어 가는 이유가 여기 있다.

> 가능하다면, 선 자체를 보라. 그렇게 하면, 하나님 이외의 선
> 에 의해서 선한 것이 아니라, 모든 선을 선하게 하시는 선 자
> 체이신 하나님을 볼 수 있다(VIII.3.4.).

최고선, 즉 선 자체이신 삼위일체 하나님께 대한 설명은 특히 하나님에 대한 사랑과 이웃에 대한 사랑의 계명(마 22:37~40)을 근거로 사랑에 대한 이야기로 이어진다. 아우구스티누스에게서, 카리타스는 하나님께서 세우신 계명인 동시에 하나님께 나아가게 하는 덕이다. 카리타스의 덕을 통

해 최고선을 향하여 나아가야 한다는 뜻이다.

> 영혼을 위해 추구해야 할 선은 우리가 평가하며 판단하는 대
> 상으로서의 선이 아니라, 우리가 사랑으로 붙어 있어야 할
> 선이다(Ⅷ.3.4.).

여기에서 주목해야 할 것이 있다. 아우구스티누스가 덕
과 악덕의 대립구도를 염두에 두고 있다는 점이다. 특히 카
리타스의 왜곡, 즉 악덕으로서의 쿠피디타스cupiditas(왜곡된
사랑)의 위험성을 놓치지 않는다.

아우구스티누스의 설명을 따르면, 참된 사랑은 삼위일
체 하나님을 향하도록 하는 사랑으로서의 덕이며, 그 반대
의 경우는 욕망 혹은 왜곡된 사랑으로서의 악덕이라 할 수
있다.

아우구스티누스에 따르면, 참된 사랑이라야 사랑이라고
부를 수 있으며, 그렇지 않은 사랑은 왜곡된 사랑이다. 사
랑이 왜곡된다면 그를 참된 사랑의 사람이라 할 수 없으며,
참된 사랑을 가진 자라야 참된 행복에 이를 수 있다.

우리가 의롭게 살고자 한다면, 또한 다른 사람들도 의롭게 살도록 하고자 한다면, 바른 사랑이 있어야 한다. 덧 없는 모든 것에 대한 집착을 버리고 진리에 붙어 있는 사랑이야말로 바른 사랑이다.

하지만 이것은 사랑 하나로 모든 것을 설명해 낼 수 있다는 관점이 아니다. 아우구스티누스는 여기에 사랑의 대상과 질서의 문제를 도입하고 있다. 특히, 사랑에는 삼위일체의 혼적을 보여 주는 세 가지 측면이 있다.

아우구스티누스에 따르면, 사랑에는 삼중구조가 있다. 'amans - amatus - amor', 즉 사랑하는 자, 사랑받는 자, 그리고 사랑 자체를 지칭하는 것으로서, 이것은 삼위일체 하나님의 유비이다.

성경이 그렇게 높이 찬양하고 선포하는 사랑은 선에 대한 사랑이 아니고 무엇이겠는가? 그리고 사랑은 사랑하는 자가 품은 것이요 또한 사랑을 받는 자가 받는 것이다. 사랑에는 세 가지 측면이 있는 셈이다. 사랑하는 사람, 사랑을 받는 대상, 그리고 사랑 그 자체, 이 세 가지가 있다(Ⅷ.10.14.).

이것은 아우구스티누스의 카리타스 개념이 에로스의 억지 기독교 버전 혹은 어설픈 혼합이 아니라, 성경에 근거를 둔 독자적인 설명법을 가진 것임을 방증해 준다.

### 제IX권

사랑의 세 측면에 대한 성찰은 IX권에서 사람 안에 있는 삼위일체의 유비들에 대한 논의로 이어진다. 마음, 마음을 아는 지식, 그리고 마음과 그 지식에 대한 사랑이 그것이다.

아우구스티누스는 이 셋이 각각 자체로 있으면서, 서로 안에 있다고 말한다. 인간에게 부여된 하나님의 형상을 인간 정신의 삼중적인 요소들로 이해했다. 마음 그 자체와 그것에 대한 사랑과 그것에 대한 지식은 하나이며 서로 동등하다. 마음 자체-사랑-지식의 유비인 셈이다. 그리고 VIII권에서 언급된 사랑의 구분에 대해 설명을 추가한다.

피조물에 대한 사랑이 창조주와 관련된다면, 왜곡된 사랑이 아니고 바른 사랑이다. 피조물 그 자체 때문에 사랑하는 것은 왜곡된 사랑이다. 이러한 왜곡된 사랑으로 인해 피조물은 그것을 사용 혹은 향유하는 사람을 돕기보다는 부패시켜 버린다. 어떤 피조물이 우리와 동등하거나 우리보다 낮은 것일 때, 그것을 하나님을 위해 사용해야 하며 하나님을 향유해야 한다. 우리는 우리 자신을 본위로 할 것이 아니라, 우리를 지으신 하나님을 향유해야 하며 이웃을 우리 자신처럼 사랑해야 한다(IX.8.13.).

## 제X권

삼위일체의 유비는 X권에서도 이어진다. 기억, 이해, 그리고 의지의 비유가 그것이다. 아우구스티누스는 철학자들이 말하는 영혼에 대한 관념을 성경의 근거들에 따라 논박하면서, 마음 그 자체에서 볼 수 있는 삼위일체의 유비 즉 기억과 이해와 의지를 다룬다.

삼위일체 하나님은 '성부-성자-성령'으로 계신다. 이것을 인간의 의식현상에 유비적으로 연관 지어 설명할 수 있다. 말하자면, '정신-앎(이해)-의지mens-notitia-voluntas'의 유비로 풀이할 수 있겠다.

아우구스티누스는 이것을 공부하는 사람들이 지니고 있

는 학구열과 연관 지어 설명한다. 알면 알수록, 혹은 완전하게 알지 못하게 될수록 학구열이 더욱 높아진다. 학구열에 나타난 사랑은 무엇에 관한 것인가? 지식에 대한 사랑이다. 자신의 지식을 깨닫고 사랑하는 것이다. 그것은 모르는 것에 대한 사랑이라기보다, 앎에 대한 사랑이다. 말하자면, 학구열에 담긴 사랑은 앎에 대한 사랑이다.

마찬가지로, 마음 자체를 알고자 하는 자 역시 마음 자체를 알고자 하는 사랑을 가진 것이라 하겠다. 마음 자체를 부분이 아닌 전체로서 알고자 하는 것이다. 마음 자체를 안다는 것은 마음 자체를 성찰하여 그 본성에 합당한 삶을 살기 위해서이다. 마음은 마땅히 복종해야 할 분의 아래에 있는 존재이며 마음은 그 자신보다 덜 귀한 것들보다 위에 있어야 한다는 것이다. 마음이 그 본성을 잃고 욕망에 끌려다녀서는 안 된다.

아우구스티누스에 따르면, 마음에는 외부의 물체와 마음 안에 간직된 형상을 구별할 능력을 지니고 있다. 마음은 신체를 통해 영혼에 들어온 형상들을 내부에서 발견한다. 그러므로 마음 자체에 대한 성찰은 외부 형상들에 관한 것과 동일하다고 할 수 없다.

마음 그 자체를 알기 위해서는 스스로를 성찰해야 한다. 마음은 자신이 살아 있으며 이해하고 있다는 그 자체를 대상으로 삼아야 한다. 의심한다는 것은 살아 있다는 것을 뜻한다.

'의심'이라는 단어와 함께, 저 유명한 구절, '내가 속는다 하더라도, 나는 존재한다si fallor, sum'에 대해 생각해 볼 필요가 있다. '내가 의심하고 있다고 해도 내가 살아 있다는 것은 확실하다.' 이 부분은 데카르트의 '나는 생각한다, 그러므로 나는 존재한다cogito, ergo sum'와의 연관성을 찾아보는 것 또한 흥미로운 일이 될 듯싶어 독자 여러분께 권한다.

어쨌든, 아우구스티누스는 마음이 물체가 아니며 물체와의 조합도 아니라는 점을 부연하여 설명하면서 이야기를 이어간다. 마음을 불이나 공기 등으로 생각해서는 안 된다. 특히 기억, 이해, 의지라는 세 가지에 유의한다. 기억, 이해, 의지는 세 개의 생명이 아니라 한 생명이며 세 마음이 아니라 한 마음이다. 다시 말해 마음에 있는 기억, 이해, 의지는 삼위일체의 흔적 중 하나이다.

제XI권

이어지는 XI권에는 주로 보이는 물체, 보는 사람의 시각에 나타나는 형상, 그리고 이 둘을 결합하는 의지의 비유가 나온다. 아우구스티누스에 따르면, 인간 내면에 나타난 것 외에 외면에서도 삼위일체의 흔적을 볼 수 있다. 외부의 물체를 볼 때를 생각해 보라. 보는 물건(대상), 대상에 대한 지각 이후에 생겨나는 시상視像, 그리고 보는 과정에 대상을 향한 주의력 세 가지이다.

시상은 보이는 것과 보는 사람이 함께 만들어 낸 형상이다. 그리고 중요한 것은 시상이 이중으로 생기는 경우는 없다는 점이다. 이 셋은 서로 다르면서도 통일을 이룬다. 하나로 결합한다. 셋의 본성이 다르지 않고 전체가 한 마음속에 있는 것이므로 본질이 같다고 할 수 있다.

아우구스티누스는 이것을 통해 삼위일체를 말한다. 하나님이 최고선이시며, 하나님 다음으로 고귀한 것은 하나님의 형상으로서의 그리스도이시다. 그리고 대상을 보는 것과 물체의 형상을 연결하는 의지의 작용에서 성령의 유비를 생각해 볼 수 있다.

주목할 것은 사람에게서 의지의 유일한 목적은 행복이라는 점이다. 아우구스티누스에 따르면, 의지들에는 나름대로 고유한 목적들이 있고 그 목적들은 하나같이 '행복하게 살고 싶고' 행복한 삶에 도달하고 싶어 하는 바로 그 의지의 목적과 결부된다.

아우구스티누스에 따르면, 행복한 삶은 더 이상 다른 것과 결부되지 않을뿐더러 (행복한 삶을) 사랑하는 사람에게 그 자체로 충분하다. 의지가 어떤 것을 좋아하여 거기서 기쁨을 느끼고 안식을 얻을지라도 그것에 향하던 목적에 아직 도달한 것은 아니다. 이 세상의 삶을 나그네의 쉼터, 혹은 여관처럼 여겨야만 한다.

중요한 것은, 감각기관에 있는 삼위일체의 흔적보다 더 내면적인 것을 기억에서 볼 수 있다는 점이다. 모든 생각에는 세 요소가 있다. 기억되어 저장된 것, 그것을 떠올릴 때 생기는 것, 그리고 둘을 연결 짓는 의지의 작용이 그것이다.

아우구스티누스에 따르면, 마음이 상상한 것은 마음 자체에 있던 것이라기보다 기억을 통해서이다. 감각기관은 물체에서 형상을 받고, 마음의 눈은 기억에서 형상을 받는다. 기억에 있던 것에서 다른 것으로 마음을 돌리는 것은 그것에 대한 생각을 중단하겠다는 것과 같다.

## 제XII권

이어지는 부분에서는 지혜와 지식의 구분을 근거로 삼는다. 아우구스티누스는 지식에 대한 검토를 통해 플라톤과 피타고라스의 상기설을 반박하고 인간의 내면과 지식에 담긴 삼위일체의 흔적들을 설명한다.

아우구스티누스는 질문으로 XII권을 시작한다. 외면적인 것과 내면적인 것의 경계선은 무엇인가? 감각혼은 동물에게도 있으므로, 이성을 기준으로 삼는 것이 좋겠다. 물론, 이성에도 높은 기능과 낮은 기능이 있기는 하다. 마음에서 삼위일체를 말할 때는 마음 전체에서 찾는 것이다.

흥미롭게도, 아우구스티누스 당시에 결혼과 자녀의 관계를 삼위일체의 유비로 사용할 수 있다는 주장이 있었다. 아우구스티누스에 따르면, 남녀의 결혼과 자녀출산에서 삼위일체를 말하는 것은 온전한 비유가 아니다. 그 이유는, 거룩하고 변함없는 사랑에 대한 왜곡을 낳을 수 있기 때문이다. 오히려, 사람을 하나님의 형상대로 지으셨다는 표현에 주목해 보면, 삼위일체를 알 수 있다.

삼위일체의 형상을 결혼의 비유에서 아버지, 어머니, 아들이 받았다고 말할 때 약간의 난점이 생긴다. 형상대로 사람을 지으신 것에 대한 기록 이후에 다시 남자와 여자를 지으셨다는 부분을 해석하는 과정에 어려움이 생길 수 있다는 뜻이다.

예를 들어, 남자만을 하나님의 형상이라고 해야 하는가? 이런 식의 문제가 생긴다. 고전11:45의 말씀처럼, 남자는 하나님의 형상이기에 머리를 덮지 말라고 하신 말씀에 대한 해석이 추가로 필요하다.

사도 바울에 따르면, 남자와 여자 모두가 하나님의 형상이다. 여인들에게 머리를 덮으라 하신 사도의 교훈은 비유적 의미이다. 아우구스티누스의 해석에 따르면, 하나님의 형상은 이 구절의 해석을 넘어, 남녀 모두에게 남아 있다. 에덴동산에서 남녀가 함께 하나님께 죄를 지었다.

죄에 대한 설명에서 참고할 것이 있다. 영혼이 전체를 버리고 특별한 기능에 집착하면 문제가 생긴다.

예를 들어, 이기적인 소유욕은 오류를 낳고 소유물을 이기적으로 낭비하여 기력을 잃게 된다. 벌을 받아 자기가 차지하는 중간으로부터 도리어 가장 천한 위치, 즉 짐승들이나 즐기는 단계로 쫓겨난다. 하나님과 유사함이 인간에게 영예라면 짐승과 유사함은 인간의 수치이다.

사람의 진정한 명예는 하나님의 형상이 되는 것이며, 그 본을 보여 주신 그리스도와의 관계를 유지하지 않고는 그 형상을 보존할 수 없다. 더구나, 자신의 힘을 탕진해 버린 탓에, 회개하라 하시며 죄를 용서하시는 창조주의 은혜를 받지 않고는 돌아갈 수 없다.

이러한 뜻에서, 결혼의 비유는 삼위일체를 설명하기에는 부적절하다. 최초의 가정이 범죄하여 동물과 공통적인 감각에 휩쓸리고 물질적 행복에 안주했다는 점이 가장 큰 이유이다.

아우구스티누스에 따르면, 우리의 중보자이신 그리스도의 은혜로 용서받지 않는다면, 그는 마음의 어느 한 기능으로서가 아니라 인격 전체로서 정죄를 받을 것이다. 사도 바울이 두 성별을 구분한 것은 각각의 개인에 대한 것이었지 하나님의 형상이 여성에게 없다는 뜻이 아니다.

아우구스티누스가 말하고자 했던 것은 이것이다. 지식과 지혜를 구분해야 하며, 특히 인간의 영혼이 하나님의 형상을 회복하기 위해서는 지혜를 추구해야 한다. 무상한 것들을 사용하면서도 항상 영원한 것을 얻는 데 목적을 두어야 하며, 무상한 것들을 흘려보내고 영원한 것에 붙어 있어야 한다.

아우구스티누스에 따르면, 무상한 것들을 사용하는 '지식'과 영원한 존재를 관조하는 '지혜'는 구분되어야 한다. 여호와를 경외하는 것이 지혜의 근본이다. 지식에 속하는 감각적인 대상과 지혜에 속하는 대상은 구분되어야 한다.

영원한 사물에 대한 지성적 인식은 지혜에 속하며, 무상한 사물에 대한 이성적 인식은 지식에 속한다. 두 가지는 분명히 다르며, 전자가 후자보다 우월하다.

예를 들어, 영혼이 육체를 지니고 있다는 것과 관련하여, 플라톤은 영혼이 현재의 육체를 가지기 전에도 존재했다고 상기설을 주장한다. 하지만 그것보다는 영혼의 지성적인 기능이 지성적인 것에 속하는 대상을 볼 수 있는 것이라고 말하는 것이 옳다. 또한 피타고라스가 이 세상에 다른 몸으로 있었던 시절을 기억한다고 말했지만, 이는 악령들에 놀아난 표현에 불과하다. 말하자면, 무상한 것들에 대한 지식을 통해서는 삼위일체에 이를 수 없다는 것이 아우구스티누스의 관점이다.

## 제XIII권

XIII권에서, 아우구스티누스는 성경을 인용하여 지식과 지혜의 구분에 관한 추가적인 설명을 시도한다. 요한복음 1장은 변함없고 영원한 것에 관한 말씀이다. 빛에 관한 언급 역시 영혼으로 보게 되는 지혜의 우월성을 말해 준다.

민음으로 보는 것이 우월하다는 것은 히브리서11:1에서도 확인된다. 민음은 보지 못하는 것들의 증거이다. 외재적인 것이 아닌 내면의 인간에 속하는 일이 우월하다. 민음은 외재적인 것이 아닌 내면에 속한다.

물론, 철학자들도 비슷한 생각을 했던 경우가 있기는 하다. 사람의 마음에는 행복을 원하고 불행을 원하지 않는다는 소원이 담겨 있다. 행복하고자 하는 것은 모두의 소원이지만, 행복에 대한 생각이 다양하고 많다는 것은 이상한 일이다. 모두가 행복하게 살기를 원하지만, 모든 사람이 행복하게 사는 유일의 길을 원하는 것은 아니라면, 이것이야말로 모순이다.

아우구스티누스에 따르면, 행복한 사람 모두가 원하는 것을 얻었지만, 원하는 것을 얻은 사람 모두가 진정 행복한 것은 아니다. 원하는 것을 얻었고 동시에 그릇된 것을 원하지 않는 사람만이 행복하다.


'모든 사람이 행복해지고 싶어 한다'는 것도, 그 하나만을 극진한 사랑으로 갈망한다는 것도, 그 밖의 모든 것은 오로지 이 하나를 위해서 갈망한다는 것도 맞다. 그렇지만 누구든지 도대체 무엇인지도 모르고 어떤 것인지도 알지 못하면서 무엇을 사랑할 수는 없다. 동시에 자기가 행복을 원한다는 사실을 모를 수는 없으므로, 모두가 행복한 삶이 무엇인지는 알고 있다는 결론이 나오게 된다. 자기가 원하는 바를 갖고 있는 사람이 모두 당장 행복해지는 것은 아니더라도 적어도 행복한 사람은 모두 자기가 원하는 바를 갖고 있다. 자기가 원하는 바를 갖지 못하거나, 자기가 바르게 원하지 못한 그 것을 갖는 사람은 그 자체로 불행하다. 그러므로 원하는 것을 모두 소유하고 또 동시에 그 무엇도 그릇되게 원하지 않는 사람이 아니고서는, 아무도 행복하지 않다(XIII.5.8.).

아우구스티누스는 비록 선한 소원이 단숨에 이루어지지 않더라도 그것을 택하며 더 소중히 여겨야 한다고 말한다. 불행한 인생 중에서도 선행을 추구하며 모든 악이 끝나고 모든 선이 실현될 때에 행복해지려는 사람은 이미 선을 소유하고 있다. 불행 속에서 행복을 추구하는 인간에 관한 아우구스티누스의 문학적 명문장도 있다.

이 죽을 인생에는 오류와 고생이 가득하다. 따라서 하나님께 대한 믿음이 무엇보다도 필요하다. 선한 일의 근원은 하나님뿐이시다. 원하는 것을 얻을 수 없기 때문에 얻을 수 있는 일만을 원하는 것은 교만한 인간들이 추구하는 행복에 지나지 않는다. 이 죽을 운명의 삶에서는 이런 (원하는 것을 이룰 수 있는 행복한) 처지가 오지 않는다. 불사불멸이 함께 존재할 때에만 이런 처지가 올 것이고 또 가능할 것이다. 그런 처지가 인간에게 결코 주어지지 않는다고 한다면 행복을 찾는 것 자체가 헛될 것인데, 그것은 불사불멸 없이는 행복도 있을 수 없기 때문이다. …

죽을 운명에 처한 인간들에게 공통된 조건으로는 해낼 수 없겠지만, 자기들의 덕성으로는 해낼 수 있다는 듯이, 즉 자기 원하는 대로 살아가는 것을 행복한 삶으로 삼은 사람들이 있다. 그들은 원하는 바를 갖지 못하는 한에서, 또한 원하지 않는 바는 피하지 않는 한에서는 아무도 행복한 사람이 될 수 없다는 말을 잘못 생각한 것이다(XIII.7.10.).


아우구스티누스가 보기에, 철학자들이 제시한 행복은 결국 철학자들 각자의 입맛에 맞는 행복일 뿐이다. 그들은 원하는 것을 얻을 수 없어서 다만 얻을 수 있는 것을 원하고 있다. 이것이 죽을 운명이면서도 자만하는 건방진 사람들의 행복이라는 것의 전부이다.

모든 사람은 행복을 원한다. 만일 그들이 바르게 원한다면 영생을 원하는 것도 확실하다. 영생 없이는 행복할 수 없기 때문이다. 행복한 사람이 (계속해서) 행복하게 되기를 바란다면, 행복하지 못한 것은 당연히 싫어진다.

그리고 행복하지 못한 것이 싫다면, 행복한 그 처지를 소진하거나 상실하는 일도 싫을 것임이 틀림없다. 또한 살아 있지 못하다면 행복하지 못하다. '살아 있음'을 상실하는 것도 싫어할 것이다. 참으로 행복한 사람들이나 참으로 행복해지고 싶은 욕심이 있는 사람은 불사불멸하기를 바라는 셈이다.

그러나 원하는 대상을 얻지 못한다면 그가 행복하게 사는 것이 아니며, 그러므로 생명이 영원한 것이 아닌 한 그 삶은 결코 참으로 행복할 수가 없을 것이다. 현세에서 우리가 찾는 행복이 어떤 것이든지 상관없이, 그것은 실제 삶의 행복이라기보다는 가상의 행복임이 틀림없지만, 행복이라고 가정하곤 한다.

여기에서, 아우구스티누스는 신학적 정체성을 분명하게 드러낸다. 행복에 관한 이야기를 철학의 논의가 아닌 성경의 근거들로부터 조명하는 아우구스티누스의 모습은 『고백록』에서 죄인의 내러티브를 풀어놓는 실존적 개인을 넘어선다. 교회의 지도적 신학자로서의 모습을 더 강조하는 형태로 나타난다.

아우구스티누스에 따르면, 철학자들이 모색하는 행복이 진정한 행복이라기보다 행복의 후보들을 어렴풋이 따라다니는 것에 불과하다는 것을 인정하기란 쉽지 않지만, 성경의 근거들로부터 분명한 답을 얻을 필요가 있다. 이에 관한 아우구스티누스의 어조는 명확한 성경적 관점을 반영하고 있다.

이 과정에 사용된 몇 가지 표현은 아우구스티누스가 신학적 지도력을 가진 교회의 지도자의 입장에 서 있음을 보여 준다. 아우구스티누스는 요한복음에서처럼 그리스도에게서 하나님의 자녀가 되는 권세를 받은 사람들에게 믿음이 있다면 철학자들의 행복론을 넘어서는 통찰이 주어진다고 말한다.

아우구스티누스는 성경과 신학의 고유한 관점들을 명백하게 드러낸다. 아우구스티누스에 따르면, 우리 자신에게는 공로가 없으면서도, 더구나 악행만 행했을 뿐임에도 우리는 성육신하신 그리스도를 통해 영생을 소망하고 있다. 은혜를 받기 전에, 우리는 단지 죄인이었던 것이 아니라 하나님의 원수가 될 만한 죄인이었다.

아우구스티누스가 보기에, 삼위일체 하나님과 관련해 볼 때, 인간이 의롭다 하심을 얻는 것은 그리스도의 피로 말미암은 것이지 인간의 자기 의에 따른 것이 아니다. 또한 인간이 하나님과 화목하게 된 것은 성자의 죽으심으로 인한 것이지 철학자들의 모색에서 이루어지는 것이 아니다.

이것을 설명하는 과정에서, 아우구스티누스는 성경의 내러티브에 의지한다. 성경에서 말하는 것처럼, 최초에 인류가 지은 빚이 그 후손에게 넘겨져 아담의 죄로 인해 모든 인류가 죄인이 되었고 마귀에게 넘겨졌다. 마귀를 극복하는 것은 하나님의 능력으로가 아니라, 하나님의 의로 극복해야 했다. 마귀를 정복하기 위한 의는 그리스도의 의이다. 그리스도는 의로써 마귀를 정복하셨다.

아무 죄도 없는 분의 피가 우리의 죄를 용서받도록 은혜를 주기 위해서 흘려졌다. 아우구스티누스에 따르면, 그리스도의 은혜에 속한 자들은 예정되고 선택된 자들이며, 그리스도께서 그들을 위해 돌아가신 정도의 죽음, 즉 육신의 죽음만 겪게 하시며 영의 죽음에 해당하지 않는다.

아우구스티누스의 설명은 더욱 분명하게 성경의 용어와 내러티브에 충실해진다. 예를 들어 '마귀'라는 표현이 분명하게 등장한다. 아우구스티누스는 성경의 내러티브를 따라, 마귀가 신자들을 대적한다는 점을 분명히 한다.

다만 신자들에게 유익이 되는 정도 내에서 하나님께서 허락하신다. 신자들이 경건하게 감당하는 재난들은 죄를 교정하거나 의를 단련시키기에 유익이 된다. 혹은 이생의 불행한 상태를 밝히고 보여 줌으로써 영원한 행복을 누릴 내세를 더욱 열심히 추구하도록 이끌어 준다.

하나님은 우리가 하나님을 알지 못하고 그 은혜를 깨닫지 못하여 원수가 되었을 때도 여전히 우리를 사랑하셨다. 그리스도의 성육신에 대해 생각해 보라. 아우구스티누스에 따르면, 교만한 자들은 그리스도의 성육신에 대해 경멸하지만, 우리에게는 성육신이 유익이다.

아우구스티누스의 저서에서, 성육신은 우리에게 사람이 처한 지위를 알게 하는 중요한 개념이다. 또한 우리의 공로가 전혀 없음에도 은혜를 얻게 하시며 교만을 치유할 겸손을 보여 주시며, 불순종한 우리에게 순종의 모범을 보여 주셨다.

그리고 아우구스티누스가 보기에, 가장 큰 문제는 교만이다. 인간의 교만이야말로 하나님께 붙어 있지 못하게 하는 가장 큰 장애 요소이다. 인간은 교만한 마음으로 하나님처럼 되고자 했기 때문에 마귀에게 정복을 당했다. 하지만 마귀를 정복하신 그분은 사람인 동시에 하나님이시며 동정녀 탄생을 통해 정복하셨다.

요한복음에서처럼, 말씀이 육신이 되지 않았다면 하나님께서 주시는 은혜의 선물을 받을 수 없었다. 마귀에게 정복당한 자는 인간이었지만, 그가 패배한 것은 교만하게도 하나님처럼 되려는 야망을 품었기 때문이었다.

이것을 좀 더 풀어서 정리해 보자. 아우구스티누스가 염두에 두고 있는 것은 지식과 지혜의 구분을 전제로 내면적 인간에 관한 성찰을 통해 지혜의 단계에 이르러야 함을 보여 주는 것이었다. 즉 지혜를 통해 마음을 성숙시켜 삼위일체 하나님을 관조하는 데로 나아가게 하려는 취지이다.

다만 철학자들이 말하는 이론들을 통해 하나님을 향하여 나아가려 애쓰는 것은 지식에서 지혜로 나아가는 과정이라 할지라도 온전한 것이라 할 수 없다. 사도 바울이 사용한 표현처럼, '거울로 보는 것처럼 희미한' 정도에 지나지 않는다. 참된 행복의 원천인 하나님을 향하여 나아가는 길은 철학을 통해서는 완전하게 열리지 않는다.

그 길은 성경을 통해 열린다. 아우구스티누스는 '의인은 믿음으로 살아야 한다'는 사도 바울의 용어를 사용하여 하나님께 나아가는 길을 제시한다. 아우구스티누스가 말하는 믿음은 다시 사랑과 연계된다. 성경의 관점대로 말하자면, 우리의 믿음은 사랑이라는 덕을 통해 하나님께 나아가게 한다. 여기에서 말하는 사랑의 덕은 '카리타스', 즉 질서 있는 사랑으로서 바른 사랑을 뜻한다.

유의할 것이 있다. 믿음을 말하고 사랑의 덕을 말한다고 해서 그 어떤 죄라 해도 용서받을 필요가 없다는 뜻이 되는 것은 아니다. 죄에 대한 용서의 은혜가 반드시 필요하다.

아우구스티누스가 강조하는 것은 철학자들의 지혜를 넘어 믿음을 가지고 살아가야 한다는 것이다. 신앙인들은 자신들에게 삼위일체의 흔적이 있음을 깨닫고 삼위일체 하나님을 향하여 살아가야 한다는 뜻이다.

## 제XIV권

XIV권 역시 철학자들의 관점을 대상으로 삼아 진정한 지혜란 삼위일체 하나님을 바라봄을 통해 완성되는 것임을 강조한다. 아우구스티누스에 따르면, 사람이 얻는 지혜는 완전한 것이 아니다.

철학자들을 통해 얻는 지혜는 진정한 지혜, 즉 하나님을 따르는 지혜, 하나님께 대한 진정한 경배일 때 의미가 있다. 하나님 자신이 지혜 그 자체이시며, 하나님을 경배하는 것이야말로 인간이 추구해야 할 진정한 의미에서의 지혜이기 때문이다.

여기에서, 아우구스티누스가 철학에 대해 어떤 생각을 지니고 있었는지를 엿볼 수 있는 단면이 나타난다. 특히, 피타고라스의 말에 주목했다. 피타고라스가 자신을 가리켜 '지혜를 사랑하는 사람'이라고 했던 것은 '철학', 즉 지혜에 대한 사랑이라는 뜻을 반영하고 있다.

그리고 여기에서 한 단계 더 파고들어 생각해야 한다. 아우구스티누스에 따르면, 지혜를 말하는 것 자체는 의의가 크지만, 진정한 지혜를 찾아야 한다. 지혜를 말하기 위해서는 스스로 지혜로운 자라고 자처하기보다 지혜를 사랑하는 사람이 되어야 한다. 아우구스티누스는 철학자들이 말한 지혜가 결국 인간과 하나님에 관한 앎이라는 점을 강조한다.

이 부분에서, 아우구스티누스의 신학적 응용이 본격화된다. 아우구스티누스는 철학자들의 지혜도 고상하고 의미가 있지만, 그것이 전부가 아니라는 점을 직시하도록 이끌어 준다. 철학적 지혜에 더하여, '믿음'을 권한다. 아우구스티누스가 보기에, 진정한 지혜는 믿음을 통해 얻어진다.

실천적 지혜로서의 덕성 또한 그렇다. 죽을 운명인 이 세상의 삶에서 신중하고 용감하며 절제하고 정의롭게 사는 그 덕성들도 진정한 것이 되려면 반드시 믿음과 연결되어야 한다. 아우구스티누스에 따르면, 믿음은 철학자들이 말하는 지혜 그 이상의 세계를 보게 한다. 성경의 표현 그대로, 믿음은 보이지 않는 것에 대한 확신이다.

아우구스티누스는 삼위일체 하나님을 향한 여정을 더욱 정교화시켜 참된 지혜가 무엇인지를 깨닫도록 이끌어 간다. 아우구스티누스에 따르면, 비록 인간의 내면에서 찾아낸 '기억-관조-사랑'이라는 삼위일체 흔적이 의미가 있는 것이기는 하지만, 그것 자체로 영원한 것은 아니다. 하나님의 형상은 영원한 것이 아닌 대상에게서 찾을 것이 아니라, 영원한 것에서 찾아야 한다.

놓치지 말아야 할 것이 있다. 아우구스티누스의 모색이 점증적 상승의 길을 걷고 있다는 점이다. 낮은 데로부터 높은 데로, 외부에 있는 것으로부터 내부에 있는 것으로 옮겨 갈 때, 우리는 보이는 물체, 보는 사람에게 영향을 주어 생긴 시상, 그리고 물체와 시상을 연결해 주는 의지라는 삼위일체를 발견할 수 있다는 것이다.

예를 들어, 마음 자체를 안다는 것은 무엇을 뜻하는가? 이 문제를 어린이들의 경우부터 생각해 보자. 어린이들의 마음속에 있는 것은 우리가 물어볼 수 없고 우리도 이미 기억나지 않는 것이지만, 분명한 것은 우리의 마음은 우리의 마음으로만 알 수 있다. 말하자면, '기억-이해-의지'라는 세 요소가 마음의 삼위일체성을 암시해 준다.

하지만 이러한 마음의 삼위일체성을 발견한다고 해서 그것을 두고 하나님의 형상이라고 말하기에는 아직 이르다. 더 나아가, 마음의 가장 고상한 부분에서 하나님의 형상인 삼위일체를 찾아볼 수 있다.

예를 들어, 덕행에 대해서 생각해 보자. 덕행들을 생각하고, 보고, 사랑할 때 삼위일체의 한 흔적을 볼 수 있다. 말에 대해서도, 말은 생각에서 형성되며, 의지가 둘을 결합한다. 과거지사가 된 일에서도 그에 대한 기억, 이해, 사랑이 결합한다.

마음에 나타난 삼위일체성은 마음이 스스로를 이해하고 사랑하기 때문에 하나님의 형상인 것이 아니라, 마음이 창조주를 기억, 이해, 사랑하는 것이라는 점에서 하나님의 형상에 유비된다. 마음 자체를 지으신 하나님이 가장 위대하시다. 그리고 하나님 없이 살 수 없는 인간이 하나님과 함께 있지 않은 것은 인간의 큰 불행이다.


하나님 없이는 존재하지 못하는 존재가 인간이므로, 그분과 함께하지 않음은 인간에게 크나큰 불행이다(XIV.12.16.).

아우구스티누스는 단정적으로 말한다. 하나님을 기억하지 못하는 것은 불행이다. 자신을 사랑할 줄 아는 사람이라면 하나님을 사랑하게 마련이다. 그러나 하나님을 사랑하지 않는 사람은 비록 그 본성을 따라 자신을 사랑하게 된다고 해도 실상 자신을 미워하는 것과 다르지 않다. 하나님을 사랑할 때 하나님을 기억하며 이해하며 이웃에 대한 사랑을 실천할 수 있다.

성경에는 하나님을 사랑하라는 말씀이 많이 있다(XIV.14.18.).

이와 관련하여, 아우구스티누스는 중요한 언급들을 내어놓는다. 자기를 사랑할 줄 아는 사람이라면 하나님을 사랑하게 된다. 그러나 하나님을 사랑하지 않는 사람은 자신의 본성에 따라 자신을 사랑하는 자라 하더라도 실상 자신을 미워하는 것에 다름없다. 하나님께 대한 사랑을 잃어버린 자는 영혼보다 재물을 택한 자의 경우이다. 쇠약하고 그릇된 영혼은 그 자신보다 낮은 것을 사랑하고 추구하다가 자기 자신을 상실해 버린다.

이렇게 해서, 불경건한 자들도 하나님을 등지고 살지만, 그들 역시 자신이 깨달은 영혼의 법칙 자체는 불변하는 것임을 인식하고 있다. 세상 정욕에 이끌려 살아가던 사람도 주님께 돌아오면 새 사람이 된다. 다른 그 어떤 새로운 형상을 따라서가 아니라 자신이 지니고 있는 그 형상, 즉 마음이 새롭게 되는 것이다.

유의할 것이 있다. 죄인 된 인간이 하나님의 형상으로 갱신되는 것은 순간적으로 되는 것이 아니다. 그 과정은 점진적이다. 하나님을 아는 지식이 점진적으로 증대되고, 마침내 의와 진리의 거룩함에서 진전을 이루고 날마다 새롭게 되는 사람은 그 사랑을 무상한 것들로부터 영적인 것들로 옮긴다.

여기에서, 아우구스티누스는 성경의 관점들을 종합하여 설명한다. 지금 우리는 성자의 형상을 지니고 있지만, 아직은 봄으로써가 아니라 믿음으로써 지니고 있다. 소망으로 기대하고 있다.

이 진리를 관조하는 것이야말로 진정한 지혜라 할 수 있다. 아우구스티누스가 보기에, 철학자들이 진리를 사랑하며 연구하는 길을 택한 것은 중요한 가치가 있지만, 그것만으로는 불행한 인생길에 충분하지 못하다. 철학자들은 그 수준에 속하는 이성을 가졌을 뿐, 믿음이 없기 때문이다. 철학의 지혜를 넘어설 믿음의 필요성을 강조하고 있는 셈이다.

### 3. 영원을 향하여 (XV권)

제XV권

XV권은 『삼위일체론』 전체의 요약과 결론으로서, 인간에게서 발견되는 삼위일체의 흔적들은 하나님을 뵙는 순간에 가서야 완성될 비유들이라는 점을 강조한다. 아우구스티누스는 이 책을 통해 창조주 하나님을 알게 하기 위해 피조물을 통해 설명하려 했고 하나님의 형상에 대한 부분에 도달했다. 하나님이 삼위일체이신지를 증명하려는 것이 목적이었다.

아우구스티누스는 삼위일체 하나님을 향한 모색에 열정을 품어야 함을 강조한다. 첫 권에서 말했던 출발점, 즉 하나님을 아는 지식에서 나타날 수 있는 여러 오류를 피하고 하나님께 대한 바른 이해에 이르기 위해 열심히 탐구해야 한다.

하나님을 탐구하는 것은 최고의 삼위일체를 다루는 것을 말한다. 아우구스티누스가 모색한 길은 피조물들에 남겨진 삼위일체의 흔적들을 찾아 삼위일체 하나님을 찾아가는 노력이었다는 사실을 기억할 필요가 있다.

이러한 전제에서, 아우구스티누스는 앞서 XIV권까지의 내용을 요약함으로써 독자들이 그 뜻을 되새겨 보도록 이끌어준다. 그 요약을 다시 요약하면 이렇다. 제I권은 성경을 근거로 삼위일체의 통일성과 동등성을 다루었다. II~IV권에서도 같은 내용을 다루면서 보냄의 관점에서 보완하여 삼위일체가 모든 면에서 동등하다는 점을 밝혔다.

V권은 성부와 성자의 본질이 다르다는 주장을 반박했고, VI권은 하나님께서 삼중의 존재가 아닌 삼위일체임을 다루었다. VII권은 지혜를 주제로 세 분이 한 능력, 한 지혜의 하

나님이심을 다루었다.

Ⅷ권은 세 분의 어느 한 분이 다른 한 분보다 크거나 작지 않으며 삼위일체를 물체적 관점에서 접근해서는 안 된다는 점을 다루었다. 그리고 사랑의 유비를 통해 삼위일체를 다루었다. Ⅸ권에서는 하나님의 형상으로서 인간의 마음에 대한 삼위일체 유비를 다루었다. Ⅹ권은 마음의 기억, 이해, 의지를 삼위일체의 흔적으로 설명했고 Ⅺ권에서는 시각의 봄을 삼위일체의 흔적으로 설명했다.

Ⅻ권은 지식과 지혜를 구별하여 지식의 단계에서 삼위일체의 흔적을 찾아보려 했고, Ⅻ권에서는 믿음의 중요성을 강조하고 믿음을 가지도록 권했다. 그리고 ⅩⅣ권은 지혜를 다루면서 진정한 지혜가 하나님의 선물이라는 점을 말했고, 사람의 마음에서 발견되는 삼위일체의 흔적에 대한 설명을 통해 인간은 하나님의 형상으로 새롭게 되어 영원을 관조해야 한다고 강조했다.

전체를 다시 요약한 후, 아우구스티누스는 강조해야 할 부분을 다시 한 번 점검한다. 영원의 영역에서 삼위일체를 살펴보아야 한다는 것이다. 아우구스티누스에 따르면, 영원을 관조하는 것이야말로 진정한 행복이다. 하나님은 영원하신 삼위일체로서 모든 것을 지각하고 이해하시며 가장 의롭고 가장 선하신 최고의 존재이시다.

하나님은 변하지 않으시며 진정한 영원성이시다. 하나님은 물체가 아니라 영이시며 비물체적이시다. 하나님은 영원, 아름다움, 지혜로움, 복되심의 성품을 지닌 존재이다.

문제는, 인간이 하나님이신 최고의 삼위일체를 뵙고자 하지만 자신을 일으킬 힘이 없다는 점이다. 이는 사랑의 힘을 공급받을 때 가능하다. 그리고 사랑에서도 지혜의 경우와 마찬가지로 삼위일체를 알 수 있다. 마음, 마음 자체를 아는 지식, 그리고 마음이 자신을 사랑하는 사랑이 그것이다.

각각의 개인을 하나님의 형상이라고 하지만 그의 모든 본성이 그렇다는 것은 아니고 마음이 하나님의 형상이다. 기억, 이해, 사랑은 세 분에게 모두 있다. 하나님은 모든 일을 한꺼번에 모두 보시며 영원하고 변함없고 형언할 수 없게 보신다.

우리는 지금으로서는 거울로 보는 것과 같다. 거울로 보

듯 희미하게 본다는 것은 수수께끼라는 의미를 지니고 있으며, 이는 알레고리의 뜻으로 볼 수 있고 비유의 의미이다. 아우구스티누스는 말한다. 우리에게 허락된 거울과 수수께끼의 수준으로 보려고 하는 것 자체를 이상하게 여기지 마라. 우리의 마음으로 보는 것이다.

안다고 생각하는 것들과 생각하지 않아도 알고 있는 것들을 살펴보라. 생각은 마음의 언어이다. 언어는 우리의 생각을 알려 주는 부호이다. 인간의 언어와 하나님의 말씀은 다르다. 얼굴과 얼굴을 대하고 볼 때까지는 희미하게 보이는 이유가 이것이다.

우리의 지식과 하나님의 지식은 다르다. 우리의 지식에서 나오는 언어도 하나님의 지식에서 나오는 말씀과 다르다. 하나님의 말씀, 즉 성자께서는 성부와 동등하시다. 인간의 언어는 영원한 것일 수 없다. 성자를 하나님의 생각이라 하지 않고 하나님의 말씀이라고 한다. 수수께끼 상태에 있는 현생에서의 인간은 하나님의 말씀이 인간의 언어와는 다르며 영원하시다는 사실을 인식해야 한다.

말씀이신 성자에 대한 설명에 이어, 성령에 대해 살펴보

자. 성령은 사랑이시다. 사랑은 하나님의 선물이다. 하나님은 사랑이시다. 삼위일체 하나님 모두가 사랑이시다. 궁극적으로 삼위일체 하나님에게서 본질과 사랑은 다르지 않다. 본질이 곧 사랑이며 사랑이 본질이지만, 특히 성령을 사랑이라고 부른다.

삼위일체 하나님을 사랑이라고 할 수 있지만, 성령을 사랑이라고 부르는 것은 마치 구약 전체를 율법이라고 하면서도 시나이 산 계약을 율법이라고 부르는 것과도 같다. 성령은 사랑이신 하나님이시다. 하나님에게서 받지 않으면 사람에게는 하나님을 사랑할 힘이 없다.

하나님에게서 오고 하나님이신 그 사랑은 성령이시다. 성령에 의해 하나님의 사랑이 우리 마음에 부어지며, 이 사랑에 의해 삼위일체 전체가 우리 안에 거하시게 된다. 따라서 성령은 하나님이시지만, 또한 성령을 하나님의 선물이라고 부르는 것은 매우 합당한 일이다.

사랑은 사람을 하나님께 이끌어 주며, 사랑이 없으면 하나님의 그 어떤 다른 선물도 사람을 하나님께 이끌어 줄 수 없다. 성령을 특히 하나님의 선물이라고 할 때, 그 선물은 사랑이 아니고 무엇이겠는가?

성령은 하나님의 선물이시다. 복음서와 사도의 기록이
이를 증명한다. 대표적 선물이신 성령께서 그리스도인들
각자에게 적합한 선물을 주신다. 개개인이 모든 선물을 받
는 것이 아니고 사람에 따라 선물이 다르다. 다만, 각 사람
에게 적합한 선물을 나누어 주시는 대표적 선물, 즉 성령은
모두가 받는다.

성령에 의해 하나님을 사랑하는 자들에게 성령을 주신
것이 그 성령을 하나님의 선물이라고 말하는 일치된 증거
들이 성경에 나타난다. 유의할 것은 선물로 주신 성령이 아
무에게 주어지시지 않으셨더라도 하나님이시다. 누구에게
주어지시기 전에 그는 성부와 성자와 동등하게 영원하셨기
때문이다. 이는 예속의 관계가 아니라, 주어지시는 분과 주
시는 분들 사이의 합의와 일치를 보여 준다.

성령은 사랑이신 하나님이시다. 유노미우스의 이단설에
서는 하나님의 독생하신 말씀이신 성자가 성부의 본질에서
나신 것이 아니라 하나님의 의지의 아들이라는 궤변을 내
놓았다. 원해서 나신 아들이라는 억지이다. 그러나 새삼 생

각해 보면, 의지가 곧 사랑이 아닌가?

아우구스티누스에 따르면, 최고의 삼위일체를 관조하며 향유해야 한다. 인간이 그 내면과 외면에서 발견하는 삼위일체의 흔적들이 최고의 삼위일체와 동등한 것이라는 뜻은 아니다. 하나님은 한 분이시지만, 성부와 성자와 성령의 세 위격이 계신다. 피조물에 나타난 삼위일체의 흔적은 하나님의 삼위일체와 동등한 것이 아니고 약점을 지니고 있다. 그렇다고 해서, 하나님의 삼위일체를 의심해서는 안 된다.

아우구스티누스가 보기에, 얼굴과 얼굴을 대하고 보는 경지에서라야 마침내 삼위일체를 완전하게 알 수 있을 것이다. 그렇다고 해서, 소극적으로 오늘의 현실을 폄훼할 필요는 없다. 현생을 사는 동안 부활하신 예수께서 주신 성령에 대해 의심해서는 안 된다.

성자는 성부에게서 나가신다. 성령은 근본적으로 성부에게서 나시고 두 분에게서 공통적으로 나가신다. 형언할 수 없이 함께 동등하시며 비물체적이시며 변함이 없으시며 불가분적인 삼위일체 내에서는 나는 일과 나오는 일을 구별하기가 지극히 어려우므로 이제까지의 설명을 참고하는 것으로 만족하는 것이 좋겠다.

이 문제에 대해 아우구스티누스는 자신의 설교를 통해 추가로 보완해서 설명했을 정도로, 세심한 관심을 가졌다. 아우구스티누스에 따르면, 성령은 성부에게서 나서 성자에게로 들어가시는 것이 아니라, 피조물을 성화시키기 위해 성자에게서 나오시며 동시에 두 분에게서 나오신다.

아우구스티누스는 이러한 요약과 함께, 이것이 일반인을 대상으로 한 것이 아닌 신앙인을 위한 설교였다는 점을 말하면서 보편적 이해의 문제와는 다른 맥락에 있음을 지적하기도 한다. 또한, 형언할 수 없고 비물체적이며 변함이 없는 최고의 존재를 이해력으로 식별하기 위해서는 신앙 규범의 지도하에 마음을 단련해야 한다.

아우구스티누스는 『삼위일체론』을 마감하면서, 분명한 한계를 말해 주는 것 또한 잊지 않는다. 지금까지 많은 말로 설명했지만, 최고 삼위일체의 형언할 수 없으심에 완전하게 합당한 말이라 할 수 없다. 이 부분에서 하나님을 아는 길은 너무도 위대해서 자신으로서는 충분히 감당할 수 없는 주제라고 겸손하게 물러선다.

아우구스티누스가 말하고자 했던 것은 분명하다. 삼위일체 하나님을 끊임없이 관조해야 함에도 불구하고 그렇게 하지 못하는 인간의 병약함을 겸허하게 인정하라는 것이다. 그 결함을 고치실 수 있는 분은 인간의 모든 죄를 용서하신 분 외에 없다.

이러한 이유로, 아우구스티누스는 이제까지 살펴본 난해하고 심오한 주제에 대한 모색을 이론적 논변으로 마무리하기보다 신앙의 관점에서 위탁하는 기도로 결론을 대신한다. 한마디로 '더 이상 말하기보다는 기도로 마치고자 하는' 자세야말로 아우구스티누스를 아우구스티누스 되게 하는 요소라 하겠다.

저의 약함을 고쳐 주소서. 당신을 기억하며 이해하며 사랑하기 원하나이다. 제게 은혜를 주시어 저를 완전히 새롭게 하여 주소서. … 저를 많은 말에서 해방시켜 주소서. … 삼위일체 하나님이시여, 이 책은 당신의 것입니다. 이 책에서 제가 한 말을 당신의 백성들이 받아들일 만한 것이 되게 하소서. 제 생각을 말한 것이 있다면, 당신과 당신 백성의 용서를 구하옵니다. 아멘.

이 부분이 인상적인 이유는, 성공적인 논변이라고 자찬하거나 어려운 말로 반어법을 사용하지 않기 때문이다. 혹은 독자에게 난해한 질문을 남겨 두는 무책임한 방식이 아니라, 기도로 마무리하고 고백하는 모습 자체가 의미가 있어 보인다. 그것이야말로 『삼위일체론』을 바르게 읽어 갈수 있는 가장 중요한 자세이기 때문이다.

# III.
# 『삼위일체론』, 교리에서 윤리로

## 1. 사변적 교리에서 실천적 윤리로

### 1) '골방'을 잃어버린 세대

분명히, 『삼위일체론』은 교리서이다. 기독교 교리 중에서도 결코 간단하지 않고 중요도가 높은 주제를 다루는 책이다. 따라서 교리적 관심에서 읽어야 마땅하다. 하지만 우리는 이 책을 인문학의 관점에서 읽어 내고자 한다. 크게 두 가지 이유에서이다.

하나는, 삼위일체의 교리에 관해서 이미 탁월한 선행연구들과 서적들이 충분하기 때문이다. 특히, 아우구스티누스가 말하는 삼위일체 교리의 중요성과 핵심은 물론이고 그 한계에 대한 논의까지 어렵지 않게 찾아볼 수 있다.

만일 독자 여러분이 아우구스티누스의 『삼위일체론』에 호기심이나 관심이 있다면, 기존의 여러 해설서를 통해 비교적 쉽게 해소할 수 있을 듯싶다. 물론, 이 책에서 교리에 대한 관심을 전혀 다루지 않는다는 뜻은 아니다. 『삼위일체론』의 기본적인 논지에 충실하면서도 인문학의 관점에서 읽어내는 노력을 기울이고 있다는 점을 유념해 주시기 바란다.

다른 하나의 이유는 인문학이 절실한 우리의 시대상과 연관된다. 지식정보사회는 이미 지나칠 정도로 무르익었고 스마트 정보는 물론이고 사물인터넷을 통해 세상의 모습이 바뀌고 있음을 우리는 잘 알고 있다. 긍정적인 평가를 내릴 이유들이 더 많기는 하지만, 그것이 전부는 아니라는 점 또한 부정할 수 없다.

말하자면, 인간 내면에 대한 관심이 절실하다. 아우구스티누스의 관점과 연관을 지어 말한다면, 현대인을 '골방을 잃어버린 세대'로 비유할 수 있을 듯 싶다.

'골방'은 특정한 장소이기 전에 상징성을 지닌다. 내면의 진리를 확인하는 자리, 절대자에게 기도하는 자리, 그리고 우리 자신의 정체성을 확인하는 자리라는 점에서 그 상징성은 결코 작지 않다.

우리는 골방이 아닌 곳, 광장이나 길거리에 드러난 인간의 모습에서 시민적 도덕성이 무장된 것처럼 착각을 불러일으키는 경우들을 너무도 자주 경험한다. 비판의식이 탁월한 사람이라면 으레 도덕성이 뛰어날 것처럼 보이지만, 그의 민낯이 드러나기도 한다. 비판하는 사람이 반드시 탁월한 도덕성을 지닌 사람이라고 동일시하기에는 어려운 경우들이 적지 않다. 시민의 광장에서도 민낯을 부끄럼 없이 드러낼 수 있는 사람, 과연 몇이나 될까?

그런가 하면, 다른 사람들의 평가와 광장에서 들리는 소리에 지나치게 민감하게 집착하는 경우 또한 문제일 수 있다. 스마트 기반의 SNS를 통해 세상과 연결되고 다른 이들의 관심에 만족해 하는 것 자체를 두고 나쁘다고만 할 수는 없다. 문제는, 그것이 남들과 외부의 관심에 집착하여 자신의 모습을 성찰하지 못하는 '관심종자'가 되는 경우이다.

더구나 현대인은 골방을 잃어버린 자인 것 자체를 인식하지 못한 채로 살아간다. 밖으로만 나가려 한다. 가장 경건해야 할 시간조차 손에 잡고 있는 스마트폰을 통해 외부 세계와 연결되고 있음 그 자체에서 안정감을 얻고 심지어 집착하는 모습은 깊은 자성이 필요한 부분일 듯싶다.

오죽하면 '디지털 디톡스'가 필요하다는 말이 설득력 있게 들릴 정도이다. 다이어트 용어 중에, 디톡스 다이어트 혹은 해독요법이라는 말을 응용한 이 말의 취지는 분명하다. 실시간으로 정보를 확인하고, 지속적으로 외부와 연결되고 있다는 느낌을 확인하는 것을 넘어 중독 단계에 이른 경우에 대한 우려이다.

전철에 앉아 있는 사람 대부분이 스마트폰에 집중하는 모습은 너무도 흔하다. 시선 처리 내지는 심심풀이 수단으로 시작했지만, 이내 집착하게 되고 습관이 되어 버리고 심지어 '오버 커넥티드', 즉 과잉 연결이 문제가 되고 있는 셈이다. 결국, 내면에 대한 성찰을 소홀히 한 채, 밖으로 나가는 경향으로 흐르게 되는 것은 아닐까?

다른 각도에서, 이렇게 생각해 볼 수 있겠다. 시장의 기본원칙은 수요와 공급이 균형을 맞추는 것이지만, 예외도 있다. 공급자가 수요를 창출하는 경우가 그렇다. 스티브 잡스의 경우, 공급자가 수요를 창출한 대표적인 경우일 듯싶다. IT에 대해 혹은 시장경제 대해 말하려는 것이 아니다.

우리 대부분이 결정적 착각에 빠진 것은 아닐까? 공급자에 의한 수요창출에 휘둘려, 새로운 디바이스가 나올 때마다 남들보다 먼저 손에 넣어 '자랑질'하기에 바쁘고, 심지어 디바이스만 갈아 치우면 헝클어졌던 내용들이 정리될 것이라고 착각하고 있지는 않은가 되돌아볼 필요가 있겠다.

솔직히, 디바이스보다는 내면의 생각이 먼저 잘 정리되어야 하는 것 아닌가? 스마트폰, 태블릿만 바꿔 주면 술술 잘 풀리고, 헝클어진 것들이 정리될 것 같다고 생각한다면, 그것이야말로 문제일 수 있다. 내면의 자성이 절실한 시점일 듯싶다.

어쩌면, 이것이 우리들의 자화상일 듯싶다. '밖으로 나가려는 경향' 말이다. 그것 때문에, 내면의 진실을 잃어버리고 외부의 평가에만 민감해지면 중요한 것을 잃어버리는 것과 다르지 않다.

무엇이 원인일까? 아마도, 인정받고 싶은 심리가 크게 작용했을 듯싶다. 인정을 받는 것 자체는 중요한 가치를 지닌다. 문제는, 남들에게 인정받고 싶은 마음에, 인정받기를 구걸하게 된다면, 이것처럼 어리석은 일도 없다. '관종', 즉 관심종자가 되어서는 곤란하다. 관심을 받고 싶은 집착에 해괴한 짓을 연출하게 하는 경우들에 빠질 위험이 크기 때문이다.

더 큰 문제는, 스스로 남들에게 인정을 받고 있다는 착각에 빠져 사는 경우가 생긴다는 사실이다. 결과적으로, 자기의自己 義, self-righteousness에 빠지게 되기 때문이다. 관심종자의 차원을 넘어서, 잘한다고 칭찬받고 싶은 마음, 모범이라고 인정받고픈 마음, 그것을 자랑하려는 마음이 지나치면 문제가 커진다. '나만큼만 살면 되는데, 남들이 문제'라고 몰아세우는 것은 지독한 자기과시일 뿐이다.


2) 안으로 들어가라

현대인의 자화상을 바로잡기 위해 『삼위일체론』의 저자, 아우구스티누스의 명언을 기억할 필요가 있다. '밖으로 나가지 마라. 안으로 들어가라.'(이 부분은 세창미디어의 『고백록 읽기』를 참고하기 바란다.) 흔히, 이것을 '내성법introspection'이라고 한다.

내성법을 말하는 이유는 외부의 요소보다 자기 성찰을 통해 인간의 진실을 보는 노력이 필요하다는 뜻이다. 안으로 들어가서, 자신의 모습, 즉 죄인이라는 사실을 발견하고, 오직 은혜로 말미암아 사는 존재임을 깨달아야 한다는 것이 아우구스티누스의 핵심이다.

이쯤에서, 살펴볼 것이 있다. 『고백록』과 『삼위일체론』은 동일한 저자의 서로 다른 책이지만 일맥상통한다. 물론, 주제와 서술방식에서 사뭇 다른 모습을 보여 주는 것은 분명하지만, 두 책은 전혀 별개의 것이라고 말하기 어렵다.

책의 특성상, 『고백록』에 나타난 아우구스티누스는 신앙인으로서의 모습을 보여 준다. 『삼위일체론』에서는 신학자로서의 위엄을 유감없이 발휘한다. 『고백록』이 교양서에 가깝다면, 『삼위일체론』은 신학적 논쟁을 다룬다.

태도에 있어서도 다르다. 『고백록』이 겸손한 자기고발과 탄핵의 분위기였다면, 『삼위일체론』에서는 신학을 선언하고 교회의 교리를 지도하는 위엄을 보여 준다. 말하자면, 두 권의 책은 각각 문제의식과 서술방식의 차이를 드러내고 있으며, 서로 다른 책이다.

그럼에도 불구하고, 두 책은 일맥상통하는 면이 두드러진다. 아우구스티누스의 다른 저술들 모두가 그렇겠지만, 『삼위일체론』은 『고백록』의 연장선에 있다. 내면의 중요성을 강조한다는 점에서 더욱 그렇다. 두 책은 인간의 내면에 대한 성찰이 절실하다는 사실에 방점을 찍고 있다.

『삼위일체론』은 하나님의 삼위일체성에 대한 논의이지만, 인간에게 남겨진 흔적들을 통하여 하나님께 나아가는 길을 따르고 있다. 삼위일체 하나님을 향한 내면의 성찰이 절실하고, 인간의 진정한 완성이 내면의 성찰을 통해 만나게 되는 하나님에게서 이루어진다는 메시지를 담아내고 있는 셈이다.

한 가지, 덧붙일 것이 있다. 아우구스티누스의 『삼위일체론』이 사변적 교리에 머물고 있다는 지적에 관해서이다. 아우구스티누스가 고대철학에 대해 해박한 지식을 갖춘 수사학修辭學의 대가인 것은 사실이다. 그렇다고 해서, 아우구스티누스의 관점 전체를 사변적인 것이라고 몰아세우는 것은 옳지 않다.

고대철학자 아리스토텔레스가 인간의 삶을 '관조적 삶'과 '실천적 삶'으로 구분하여 진리에 이르기 위해서는 명상적 관조를 통해 진리의 체험에 이르러야 함을 주장했듯이, 아우구스티누스 또한 그와 다르지 않을 것이라고 손쉽게 평가하는 것은 옳지 않다.

솔직히, 아우구스티누스는 아리스토텔레스보다 플라톤에 관심했고 진리에 대한 인식에서 신플라톤주의가 기독교에 더 가깝다고 보았다. 아우구스티누스는 아리스토텔레스가 말하는 진리에 대한 관조에는 그다지 관심이 없었던 것 같다. 아우구스티누스는 고대철학자들의 문제점을 반박하고 기독교의 관점에서 성경에 기초한 신학을 추구했다.

아우구스티누스의 『삼위일체론』은 난해하고도 복잡한 고차원의 철학적 논증인 듯 보이기 쉽다. 하지만, 그의 신학을 교회가 수용했고 삼위일체 하나님을 향한 그의 신앙고백이 유익하고도 권위 있는 것으로 평가해 왔다는 사실을 간과해서는 안 된다.

　주목해야 할 것은, 아우구스티누스 신학의 사변적 특성에 관한 문제 제기보다 『삼위일체론』을 실천적 윤리의 관점에서 재조명해야 한다는 사실이다. 아우구스티누스는 삼위일체 하나님을 향한 고백을 철학자들의 사변적 버전으로 재구성한 것이 아니다. 삼위일체 하나님께 대한 기독교 신앙을 실천적 윤리의 지평으로 확대하려 했다.


## 2. 『삼위일체론』, 은혜의 관점에서[*]

### 1) 행복의 텔로스, 삼위일체 하나님

#### (1) 거짓행복과 참된 행복

『삼위일체론』을 통해 읽어야 할 내면의 가치를 통한 인간의 자기발견 이외에 또 하나의 중요한 가치가 있다. 행복의 문제와 덕 윤리로서의 카리타스이다. 아우구스티누스

---

[*] 이에 대한 세부적인 이해를 위해서는 문시영, 『아우구스티누스와 덕 윤리』(북코리아, 2014)를 참고하기 바란다.

는 행복에 대한 철학자들의 한계를 검토하고 성경의 내러티브에 따라 행복의 문제를 설명한다.

인간이 보편적으로 행복한 삶을 추구한다는 사실은 기독교적 덕 윤리에서도 중요하다. 주체의 측면에서, 누구나 보편적으로 행복하기를 원한다. 기간의 측면에서, 한 번으로 끝나는 것이 아니라, 영원히 행복하기를 원한다. 이러한 조건들을 만족시키는 행복은 고대철학자들에게서 찾아볼 수 없으며, 기독교를 통해서만 완성될 수 있다는 것이 아우구스티누스의 요점이다.

아우구스티누스가 보기에, 행복이란 특정한 사람들의 몫도 아니고, 개인의 일시적인 감정의 문제일 수도 없다. 이 점은 행복에 대한 고대철학자들의 성찰에서 확인할 수 있는 사실들이다.

여전히 행복에의 욕구는 보편적으로 제기되는 인간 실존의 문제임에도 불구하고 다양한 의견들이 상존할 뿐, 바른 답을 찾지 못하고 있는 것이 문제라 하겠다. 고대철학자들이 행복에 대해 다양한 의견을 주기는 했지만, 행복에 대한 바른 이해, 즉 진정한 행복에 대한 인식에는 이르지 못했다는 주장인 셈이다.

행복에 대해 성찰한 철학자들마저 행복의 문제에 있어서 정답을 찾지 못하는 것은 행복의 문제가 결코 간단한 것이 아님을 암시한다. 동시에, 행복에 대한 이해의 다양성은 진정한 행복에 대한 성찰의 다원성을 표출해 주는 것이라기보다 오해들이 난무하고 있음을 방증한다.

철학자들도 행복의 문제에 정답을 제시하지 못한 채, 잘못된 정보만 늘어놓고 있다는 것은 진정한 행복에 대한 갈증과 고민이 그만큼 더 절실한 것임을 방증해 준다. 아무리 많은 이론이 있어도, 진정한 행복을 향하여 접근하지 못하고 있다는 뜻이기도 하다.

아우구스티누스는 '거짓 행복falsa beatitudo'이라는 표현을 사용하여 행복에 대한 성찰을 전환해야 한다고 주장한다. 행복에 대한 그릇된 생각과 착각에 빠져 있다는 것은 '불행'에 속해 있는 것이나 다름없다. 다시 말해, 행복에 대한 성찰의 다양성을 존중할 것인가의 여부가 아니라, 불행을 종식할 해답을 찾는 것이 중요하다.

아우구스티누스가 보기에, 안타깝게도 철학자를 포함한

대부분의 사람은 진정한 행복보다는 '현세적' 특성을 지닌 거짓 행복에 놀아나고 있다. 이는 인간이 유한하고 가변적이며 변덕스러운 존재자들, 즉 피조물에게서 행복을 추구하고 있다는 진단에 기초한다. '현세'라는 표현에 함축된 그 상징성이 담겨 있다. 가변적인 영역, 즉 시간의 영역에서 행복을 추구하는 것은 언제라도 불행으로 변질될 수 있는 대상에게서 행복을 추구하는 것에 지나지 않는다.

시간성에 대한 논의는 기존의 행복론을 싸잡아서 '오류'라고 몰아세우기 위한 것이 아니다. 그것은 인간의 진정한 행복이 현세적 영역을 넘어선 영원의 영역에 있음을 보여주는 방향 제시이자 행복 담론의 기독교적 전환이다. 아우구스티누스는 진정한 행복을 찾기 위해 행복 담론에 기독교 고유의 개념들을 본격적으로 도입한다. '영생', '죽음', 그리고 '죄'의 개념들이 그것이다.

> 만일 행복한 사람이 행복을 계속 누리기 원한다면, 행복하지 못하게 되는 경우를 원하지 않을 것이다. 만일 행복하지 못하게 되는 것을 원치 않는다면, 자신의 행복이 소진되거나

상실되기를 원하지 않을 것이라는 점도 분명하다. 하지만 그들은 살아 있지 않다면, 행복할 수 없다. 따라서 생명의 상실 또한 원하지 않을 것이다. 따라서 참으로 행복한 사람들이나 참으로 행복해지고 싶은 사람은 영생을 원할 것이다. 하지만 원하는 대상을 가지고 있지 못하다면 그는 행복하게 사는 것이 아니다. 결국, 생명이 영원하지 못하면 그 삶은 참된 행복일 수 없다(XIII.8.11.).

현세적 행복이 거짓 행복이라는 점에서, 참된 행복을 위해서는 행복 담론의 전환이 필요함을 가장 강력하게 설득하는 요소는 '죽음'의 문제이다. 인간의 불행은 무엇보다도 '죽게 될 처지mortalium conditio'에 놓여 있다는 점에서 가장 절실하게 체감된다. 죽음이란 모두가 직면하게 될 운명이요, 피할 수 없는 인간의 한계라는 점에서 행복을 저해하는 결정적 요소이다.

아우구스티누스가 보기에, 인간 스스로 한계를 지닌 존재임을 인식하면서도 현세적인 것들로부터 행복을 이룰 수 있으리라 기대하는 것은 지혜롭지 못하다. 지혜자를 자임

하는 철학자들마저도 죽음의 문제를 피할 수 없다는 점을 알면서도 진정한 행복에 이르는 길을 찾지 않는다는 것은 안타까운 일이다.

아우구스티누스는 죽음의 문제로 상징되는 불행에 대해 적극적 해법을 모색한다. 이 점에서, 아우구스티누스의 행복 담론은 고대철학자들의 그것과 전혀 다른 차원을 지닌다. 아우구스티누스는 '영생'을 통해 행복을 완성하는 새로운 차원을 향하고 있다.

> 모든 사람이 행복하기를 원하므로, 그들이 바르게 원한다면 확실히 영생도 원하는 것이다. 영생이 없다면 행복할 수 없다(XIII.8.11.).

여기에서, 아우구스티누스의 덕 윤리가 고대철학자들의 그것과 확연하게 구분되는 요소를 찾아볼 수 있다. 아우구스티누스는 행복의 문제를 죄의 문제와 직접 연결 짓는다. 대전제는 이것이다. 인간은 죄인이다. 죄지은 존재로서, 구원받아야 할 존재이다.

더구나, 스스로의 노력을 통해 현세적 행복을 추구하는 것으로는 참된 행복에 이를 수 없으며, 하나님의 죄에 대한 용서와 은혜를 통해서만 구원과 행복에 이를 수 있다는 기독교 고유의 내러티브가 반영되고 있다. 이것이야말로 아우구스티누스의 덕 윤리가 지닌 차별성이다.

『삼위일체론』은 이러한 기독교 고유의 내러티브와 기독교적 덕 윤리를 가감 없이 풀어내는 중요한 텍스트이다. 아우구스티누스의 논지를 요약하자면 인간은 영원불변의 존재이신 하나님을 향한 사랑을 통해 행복에 이를 수 있으며, 그 반대의 경우는 불행일 뿐이다.

그 원인은 무엇이며 해법은 또한 무엇인가? 아우구스티누스가 여기에 적용한 것이 '죄' 개념이다. 이는 결과적으로 '죽음'의 문제, 즉 행복의 현세적 한계를 넘어선 참된 행복의 조건에 대한 성찰로 이어진다.

아우구스티누스가 행복 담론에 '죽음'을 대입한 것은 영생의 문제와 더불어 인간의 비참함에 대한 진단을 적용한 것이라 할 수 있다. 그 원인으로 '죄'의 문제를 적시한 것 역시 중요한 의의가 있다. 아우구스티누스가 추구한 것은 '죄'

를 문제시한 행복론이자 죽음의 문제를 포함하는 기독교적 덕 윤리이다.

우리는 영원한 것을 알지 못하고 추악한 죄에 짓눌려 살고 있기 때문에 깨끗이 정화될 필요가 있다. 우리는 한시적인 것들을 사랑한 나머지, 죄에 감염되었으며 우리의 죽을 운명의 뿌리가 우리의 본성에 깊이 박혀 있다(Ⅳ.18.24.).

행복 담론이 현실의 불행으로부터 비롯된 것이라는 점에서, 아우구스티누스의 행복론은 '죄'를 인간의 불행과 비참함의 원인으로 상정하고 적극적 해법을 모색한다. 또한 죄로 인한 불행으로부터 참된 행복을 향하여 나아가게 한다는 데 아우구스티누스의 덕 윤리의 핵심이 있다.

죄인의 내러티브에 속한 존재로서, 죄에 대한 용서를 체험한 자가 누리는 행복은 다른 무엇으로도 대체하여 설명할 수 없는 행복일 것이다. 하나님은 영원불변하시는 분이시며, 실존적으로 인간의 죄를 용서하고 새로운 삶과 영원한 삶을 허락하는 분이라는 점에서,

인간의 행복한 삶(의 목적)은 하나님이시다(XIX.26.).

앞서, 죽음의 문제를 행복 담론에 대입했던 것을 생각해 보자. 죽음과 죄의 문제는 행복을 위해 반드시 극복해야 하는 과제임이 틀림없다. 죽을 운명으로부터 벗어나야만 영원한 행복에 이를 수 있다. 그리고 이 문제는 죄의 용서에 대한 신앙으로 직결된다.

죽음을 피할 수 없는 우리의 인생에는 오류와 고생이 가득하므로, 무엇보다도 하나님에 대한 믿음이 필요하다(XIII.7.10.).

(2) 성경 내러티브와 행복

중요한 것은 행복의 원천으로서의 하나님에 대한 관념이다. 아우구스티누스에게 있어서 행복의 원천이신 하나님은 영원불변의 존재라는 형이상학적 사변의 대상을 넘어 자신의 실존적 체험에서 우러난 죄인의 내러티브에 맞닿아 있다.

인간에게 진정으로 큰 불행은, 하나님 없이는 살 수 없는 존재인 인간이 하나님과 함께하지 않는 것이다(XIV.12.16.).

아우구스티누스가 행복의 원천으로 제시한 하나님은 철학자의 사변적 논증의 대상이 아니라, 삼위일체로 대변되는 기독교의 하나님이다. 아우구스티누스가 행복의 원천으로 체험한 하나님은 성경의 내러티브가 보여 준 하나님이다. 『삼위일체론』은 이 점을 극명하게 보여 준다.

삼위일체를 향유하려는 것은 행복하게 살기 위해서이다

(VIII.5.8.).

삼위일체 하나님은 죄와 죽음이라는 인간의 한계를 넘어선 영원의 존재이며 완전성의 극치로서 인간의 진정한 행복이다. 참된 행복은 이러한 삼위일체 하나님을 통해서만 가능하다. 삼위일체 하나님께서 주시는 은혜를 통해서만 죄로 인한 죽음을 넘어설 수 있기 때문이다.

아우구스티누스는 '죄인'의 내러티브를 따라 행복의 문

제를 재규정함으로써, 행복에 관한 담론을 기독교적인 것으로 전환했다. 덕 윤리의 기독교적 정체성을 말할 수 있는 근거가 여기에 있다.

니그렌A.Nygren이 몰아세우는 것처럼 아우구스티누스의 카리타스가 행복을 목적으로 삼는 이기적인 동기에 의해 이끌린 것이라고 곡해하는 것은 옳지 않다. 카리타스를 말하는 것은 하나님의 은혜를 통해 구원을 받아 새로운 피조물nova creatura로 거듭난 사건에 근거한다.

아우구스티누스가 말하는 카리타스 윤리의 요점은 삼위일체 하나님을 향한 사랑의 응답에 있다. 인간이 진정으로 행복한 삶을 살기 위해서는 하나님을 통한 죄의 용서와 영원한 생명의 약속이 필요하다는 뜻이다.

아우구스티누스가 말하는 사랑의 시제 자체가 이미 행복을 맛본 자가 제시하는 관점이라는 사실에 유의할 필요가 있다. 다시 말해, 아우구스티누스는 행복의 길에 들어선 자가 영원한 행복을 바라보면서 이미 주신 은혜에 응답하는 관점에서 말하고 있다.

아우구스티누스의 카리타스 개념 자체는 니그렌의 주장

처럼 어설픈 혼합물이 아니라 성경에서 유래했다. 아우구스티누스가 본격적으로 윤리의 영역에서 사용한 것은 사실이지만, 카리타스라는 용어 자체는 이미 성경의 라틴 번역에 사용되고 있었다.

성경에서 하나님을 사랑하라는 말씀을 많이 발견할 수 있다

(XIV.14.18.).

카리타스가 성경 번역에 사용된 단어라는 점에서, 그리고 성경이 지목하는 사랑의 대상이 삼위일체 하나님이라는 점에서, 아우구스티누스의 카리타스가 기독교적인 것이라는 점은 분명해 보인다. 말하자면, 카리타스라는 것 자체는 아우구스티누스의 자의적인 창작이 아니다.

더구나 기독교적 순수성을 플라톤 철학으로 오염시키고 적당히 타협하려는 의도를 가진 것이 아니라는 점에서, 카리타스에는 기독교적 특성이 반영되어 있다. 무엇보다도, 아우구스티누스가 삼위일체에 관한 성찰에서 기독교적 행복의 문제를 대변하고 있음을 놓쳐서는 안 된다.

삼위일체의 유비들은 우리에게 하나님이 참 행복이라고 말하는 근거가 된다. 삼위일체에 대한 성찰을 진행하면서, 아우구스티누스는 진정한 행복 혹은 행복한 삶의 근거이자 목적으로 상정한 하나님은 철학자들의 하나님이 아닌 삼위일체 하나님이라는 점을 강조한다. 아우구스티누스에 따르면, 삼위일체께서는 저 높이 거룩한 천사들 안에 자리하고 있는 거룩한 도성의 원천이시며 표상이시고 행복이시다.

삼위일체 하나님을 사랑의 대상으로 삼는다는 점에서, 아우구스티누스의 덕 윤리는 기독교적 특성을 제대로 반영하여 성공적인 전환을 이룩한 셈이다. 아우구스티누스의 덕 윤리가 제시한 카리타스란 본질적으로 '삼위일체 하나님에 대한 사랑'이다. 아우구스티누스의 한 문장에 그 핵심이 간결하게 정리되어 있다.

그대가 사랑으로 (하나님께) 굳게 붙어 있으면, 행복하게 살 수 있다(VIII.3.5.).

여기에서, 삼위일체 하나님을 향한 카리타스가 의지 voluntas의 문제와 직결된다는 점을 기억할 필요가 있다. 플라톤을 비롯한 고대철학자들이 지성의 문제에 주목했던 것과 달리, 아우구스티누스에게서 의지의 중요성은 그의 윤리적 사유의 단초이자 핵심이요 결론이다.

아우구스티누스에게서 행복의 문제는 곧 의지의 문제이며, 이는 곧 덕 윤리의 문제가 되는 셈이다. 아우구스티누스는 의지의 고유하고도 유일한 목적을 행복이라고 말한다. 이러한 의지의 특성을 표현하는 개념이 카리타스이다.

사실, 아우구스티누스 당대에서는 사랑의 개념이 플라톤적인 것인지 혹은 기독교적인 것인지의 문제를 따지는 것이 관심사항일 수 없었을 것이다. 아우구스티누스는 아가페와 에로스 중에서 어떤 동기의 사랑을 취할 것인가의 문제보다는 바른 사랑이란 무엇인가에 주목했기 때문이다.

여기에 적용된 기준이 사랑의 '질서'이다. 다른 표현을 사용하자면, 향유frui와 사용uti의 구분이 적용된다. 목적으로서 사랑하는 것과 수단으로서 사용하는 것 사이의 구분이라고 단순화할 수 없는 개념이기는 하지만, 향유와 사용은 질서의 개념을 통해 설명되어야 참뜻을 얻을 수 있다.

아우구스티누스가 일관되게 강조하는 사랑의 질서에 주목할 필요가 있다. 그는 향유해야 할 대상을 향유하고 사용해야 할 대상은 사용하는 것이야말로 바른 사랑, 즉 질서 있는 사랑이며, 그것이 바로 카리타스의 본질이라는 점을 강조한다.

향유와 사용에 대한 아우구스티누스의 설명을 통해 우리는 사랑의 질서라는 표현이 무엇을 의도하는 것인지 엿볼 수 있다. 아우구스티누스는 카리타스와 그 역으로서의 쿠피디타스를 개념상 구분하는 것에 만족하지 않고 사물들에 대한 올바른 사용, 즉 선용善用의 필요성을 윤리의 핵심으로 파악하고 있었던 셈이다.

사용한다는 것은 그 대상을 의지의 권한에 넣는다는 것이고 향유한다는 것은 기쁘게 이용하되 그것을 소망의 대상으로 여전히 바라보는 기쁨이 아니라 실제로 소유하는 기쁨이다. 그러므로 향유하는 자는 모두가 사용한다. 그것을 의지의 권한에 넣으며, 마지막 것이 되는 것으로 여겨 그것으로 만족

한다. 그러나 사용하는 자 모두가 향유하는 것은 아니다. 의지의 권한에 넣은 것을 그것 자체로 추구하지 않고 다른 것을 위한 수단으로 추구하는 것이며, 이는 향유하는 것이라 할 수 없다(X.11.17.).

사랑의 질서에 대한 논의를 통해 아우구스티누스가 주목한 것은 하나님을 향한 바른 사랑이 요청된다는 점이다. 아우구스티누스는 사랑의 존재로서의 인간이 사랑의 질서를 왜곡하여 삼위일체 하나님을 저버리고 피조물들을 사랑하는 것이 가장 큰 문제임을 지적해 준다. 즉 향유해야 할 대상을 사용하려 하거나 사용해야 할 대상을 향유하려는 시도들 자체가 '죄'라고 생각한다.

아우구스티누스는 이러한 맥락에서 바른 사랑, 즉 질서 있는 사랑의 필요성을 역설하는 '사랑의 윤리'를 제시한다. 사랑의 존재인 인간에게 필요한 윤리는 사랑의 능력을 삭제하거나 죄악시하는 것이 아니라, 바른 목적과 바른 질서를 따라 사랑하도록 이끌어 주는 윤리여야 한다는 뜻이다.

아우구스티누스가 주목했던 것은 피조물과 하나님에 대

한 사랑을 용어상 어떻게 구분할 것인지 혹은 어떻게 플라톤을 최대한 살려서 어설프게 응용할 것인지의 문제가 아니었다. 삼위일체 하나님을 중심으로 하는 바른 가치질서와 그에 따른 바른 사랑을 강조하고자 했다. 아우구스티누스에 따르면, 사랑의 질서에 대한 존중 여부가 사람 됨됨이, 즉 덕성의 성숙 여부를 평가할 근거이다.

사랑의 질서가 어긋나는 경우, 이는 언어유희 혹은 관념적이고 사변적인 문제에 그치지 않는다. 사랑의 질서를 어기는 것은 참된 행복에 이르지 못하게 한다. 나아가, 인간을 부패시키고 타락시키는 인간학적이고도 실존적인 문제를 낳는다. 바로 여기에 카리타스의 필요성과 중요성이 있다.

카리타스의 윤리는 바른 사랑의 요구인 동시에 무질서한 사랑의 극복을 위한 방향 제시이다. 아우구스티누스가 제안하는 바른 사랑이란 삼위일체 하나님께 대한 사랑을 뜻한다. 이러한 뜻에서, 『삼위일체론』을 교리의 원천으로만볼 것이 아니라 진정한 행복을 위한 사랑의 덕에 관한 윤리적 지침서로 읽을 수 있는 셈이다.

『삼위일체론』은 진정한 행복에 이르기 위해 진정한 사랑

이 필요하며, 카리타스로 표현된 사랑이야말로 그 내용을
모두 담아내는 덕이라는 점을 해석해 주는 중요한 단초를
제공한다. 카리타스를 통해 행복에 이를 수 있다는 아우구
스티누스의 관점은 다음의 문장에 함축되어 있다.

> 그러나 우리는 사랑으로 이 최고선을 굳게 지키며, 거기에
> 붙어 있어야 한다. 그래야만 우리는 최고선의 임재를 향유할
> 수 있으며 최고선이 없이 우리는 아예 존재할 수도 없을 것
> 이다(VIII.4.6.).

덧붙여서, 아우구스티누스에게서 사랑의 질서는 인간
의 노력이나 의지의 결심만으로 구현되는 것이 아니다. 만
일 카리타스가 인간의 결심으로 성취되는 것이라면, 그것
은 기독교적 특성을 가진 것이라 하기 어렵다. 아우구스티
누스가 제안하는 카리타스는 인간의 자각과 노력에 속하는
것이라기보다 은혜를 전제한다.

아우구스티누스의 논지가 이러한 방향을 취하고 있는 근
본적인 원인은 인간의 현실에 대한 자신의 실존적 체험과

인식에 있다. 의지의 자유는 사변적 이론체계에 따라 고안해 낸 것이 아니라, 인간과 도덕에 관한 체험적 성찰에 기초한 구체적이고도 실존적인 것으로서, 카리타스의 윤리에 고스란히 반영된다.

유의해야 할 것이 있다. 아우구스티누스가 깨달은 의지의 자유가 창조된 상태 그대로의 무제약적 선택의 자유가 아니라는 점이다. 인간의 자유는 죄를 지은 이후 '노예상태'에 놓여 있으며, 오직 은혜를 통해서만 치유될 수 있다. 이 점에서 의지의 자유에 관한 아우구스티누스적 접근의 특성을 볼 수 있다.

인간이 의지를 지닌 존재 혹은 사랑의 존재임을 말하는 것에 그치지 않고, 인간의 의지가 은혜를 절대적으로 필요로 하는 현실에 놓여 있음을 강조한 대목은 덕 윤리의 기독교적 정체성을 핵심적으로 보여 준다. 아우구스티누스는 다음의 질문으로 삼위일체 하나님을 통한 행복과 사랑의 문제를 요약한다.

하나님으로부터 오시고 하나님이신 그 사랑은 특히 성령이시다. 성령에 의해 하나님의 사랑이 우리 마음에 부어지며 이 사랑에 의해 삼위일체 전체가 우리 안에 거하시게 된다. 따라서 성령은 하나님이시지만, 또한 성령을 하나님의 선물이라고 부르는 것은 매우 합당한 일이다. 사랑은 사람을 하나님께 이끌어 주며, 사랑이 없으면 하나님의 그 어떤 다른 선물도 사람을 하나님께 이끌어 줄 수 없으므로, 성령을 특히 하나님의 선물이라고 할 때의 그 선물은 사랑이 아니고 무엇이라 해석하겠는가?(XV.18.32.).

이러한 논의 끝에, 아우구스티누스는 하나님의 은혜를 구하는 기도로 결론을 맺고 있다. 아우구스티누스는 『삼위일체론』의 끝 부분에 고백적인 자세로 삼위일체 하나님을 향한 사랑의 문제에 대한 진솔한 기도문을 붙인다.

당신을 기억하며, 이해하며, 사랑하고 싶습니다. 은혜를 더해 주시고 나를 개혁시켜 주소서(XV.28.51.).

아우구스티누스의 기도문은 문학적 효과를 극대화하기

위한 장식으로 그치는 것이 아니라, 그가 생각하는 행복이란 무엇인지를 대변해 주는 요약판이자 행복한 삶을 향한 소망의 표현이다. 삼위일체 하나님을 인식하고 영원불변하는 그분을 통해 참된 행복에 이를 수 있음을 보여 준 대목이다.

특히, '나를 개혁시켜 주소서'의 대목에 유의해야 한다. 의지의 존재, 즉 사랑의 존재인 인간이 자유의 남용으로 죄의 노예가 된 현실을 여실히 보여 주는 대목이다. 동시에 인간이 참된 행복에 이르기 위해서는 인간 스스로의 노력을 넘어선 초월적 치유와 개혁의 개입이 필요하다는 점을 보여준다.

참된 행복의 길을 찾은 자로서, 교구의 목회자로서, 아우구스티누스는 자신이 체험했던 실존적 이해를 바탕으로 진정한 행복이 삼위일체 하나님을 통해서만 가능하다는 사실을 일깨워 주고 카리타스의 덕을 통해 삼위일체 하나님을 사랑해야 한다는 점을 웅변적으로 말하고 싶었을 것이다.

얼핏 보기에, 카리타스에 인간의 완성, 즉 행복을 향한 영혼의 움직임을 보여 주는 측면이 있다는 점에서, 플라톤의 논의를 차용한 것으로 속단하기 쉽다. 아우구스티누스가 말하는 카리타스는 플라톤에 갇혀 있지 않으며, 오히려 창조적으로 변용되고 전환되는 특성을 보인다.

아우구스티누스는 사랑의 본질을 변화시키고 격상시키고자 했다. 아우구스티누스의 '카리타스'를 말하는 것은 용어나 표현의 문제가 아니라 사랑의 대상 혹은 사랑의 지향성이 문제임을 알 수 있다.

아우구스티누스가 보기에, 인간이 어디에서 행복을 찾느냐에 따라 결정적인 차이가 난다. 이를 설명하기 위하여 도입된 것이 앞서 말했던 질서ordo의 개념이다. 아우구스티누스에게 있어서 세계는 질서 잡혀 있으며 저급한 것과 영원한 존재가 위계적으로 구분된다.

질서의 개념은 하나님의 창조로부터 도출된다. 하나님은 존재 자체이며, 창조된 사물들은 하나님에 의해 무로부터 존재로 이끌어져 온 것이므로 하나님과 동등한 존재일 수는 없다. 하나님은 개별 존재자에게 위계적으로 존재를 부여하였다. 어떤 피조물에는 더 풍성한 존재를 부여하였고, 어떤 것에는 더 제한적인 존재를 부여하여 존재의 등급에 따라 존재자들을 정돈하였다.

이처럼, 아우구스티누스에게서 질서의 개념은 지고의 것과 저급한 것, 육체적인 것과 영적인 것, 더 사랑해야 할 것과 덜 사랑해야 할 것을 구분하는 기준이 된다. 피조물을 그 존재의 계층에 따라 분수에 맞게 사랑하면 바른 사랑이요, 분수에 맞지 않게 사랑하면 옳지 못한 방식으로 사랑하는 것이다.

아우구스티누스에게서 향유해야 할 대상은 최고선인 하나님뿐이며, 그 밖의 대상들은 하나님께 대한 사랑에 이르기 위해 사용해야 할 대상이라는 점에서, 기독교적 가치관과 윤리의 핵심을 담아내고 있다.

같은 맥락에서, 아우구스티누스는 사랑의 대상을 향유하기 위한 것과 사용하기 위한 것, 그리고 사용하고 향유하기 위한 것으로 구분한다. 향유와 사용은 목적과 수단의 관계와도 같다.

향유한다frui는 것은 그것 자체를 위하여 사랑하는 것을 말하고, 사용한다uti는 것은 더욱 더 상위의 목적을 위한 수단적 사랑이다. 사랑의 질서가 왜곡된다는 것은 향유해야 할 대상을 망각하거나 무시한 채, 사용해야 할 대상을 향유하려는 것을 의미한다.

질서의 개념과 사랑의 구분을 통해, 아우구스티누스는 질서 있는 사랑과 그렇지 못한 것 사이를 구분한다. 향유해야 할 대상을 향유하고 사용해야 할 대상은 사용하는 것이 질서 잡힌 사랑, 혹은 바른 사랑caritas이다. 그 반대의 경우, 즉 질서를 망각하고 사용의 대상인 시간적이고 가변적인 것들에 집착함으로써 그것으로 행복해지려는 것은 왜곡된 사랑cupiditas이라 할 수 있다.

말하자면, 아우구스티누스에게서 사랑은 그것이 자연적 경향성을 넘어 '카리타스'의 사랑이 될 때, 윤리적 규범이자 가치관으로 격상된다. 행복을 인간의 기본적 욕구라고 하는 심리적 사실로부터 윤리적 이상으로 고양시킨 것과 같이, 아우구스티누스는 사랑이라고 하는 인간의 욕구와 갈망을 단순한 심리적 현상에서 윤리적 덕으로 재정립시키려 했다.

의지의 자유가 남용되는 경우, 의지의 핵심인 사랑은 쿠피디타스로 전락해 버리고 만다. 사랑이 가치의 질서를 따르게 될 때, 카리타스가 된다. 이렇게 보면, 아우구스티누스의 덕 윤리는 사랑의 질서 혹은 질서 있는 사랑으로 집약할 수 있겠다. 아우구스티누스의 표현에 따르면, 우리를 행복한 삶으로 이끌어 주는 덕이란 하나님께 대한 바른 사랑, 즉 카리타스이다.

아우구스티누스에게서 사랑은 변화하는 감정의 문제가 아니고 심리적 에너지의 집중이다. 이것은 자연적 능력에서 도덕적 능력으로 사랑의 지평을 확장한 셈이다. 바른 교리에서 바른 윤리가 나오게 마련이지만, 카리타스를 덕 윤리의 관점에서 해석해야만 바른 뜻을 얻을 수 있다는 뜻이다.

## 2) 『삼위일체론』, '은혜'의 관점에서

### (1) 카리타스를 통하여

내면에 대한 관심의 중요성이라는 점에서, 『삼위일체론』에서 아우구스티누스는 『고백록』에서 말했던 인간의 죄와 하나님의 은혜에 대한 관심을 놓치지 않고 있으며, 더욱 발전된 형태로 서술하고 있다.

또한 진정한 사랑으로서의 카리타스를 강조하는 것 역시 여전하다. 대부분, 교리에 대한 논의 자체가 건조하고 논쟁적이며 심지어 학자연하는 경우, 글을 읽는 것 자체가 무척 어렵다. 아우구스티누스의 경우도 예외는 아니다.

다른 점이 있다면, 교리에 대한 서술의 내면에 카리타스의 열정을 간직하고 있다는 점이다. 사랑의 오류를 극복하고 바른 사랑으로서의 카리타스를 통해 인간의 자기발견과 영원한 삼위일체 하나님을 향하는 바른 질서의 사랑을 권하고 있다는 뜻이다.

언젠가, 세계적으로 가장 많이 사용된 영어 표현 두 가지가 있다는 이야기를 들었다. 하나는 'I love you'이고 다른 하나는 'Made in China'라고 한다. 세계의 공장이라는 별칭을 얻은 중국산 제품들의 위력과 함께, 인간의 영원한 레퍼토리에 속하는 '사랑'의 중요성을 부각해 주는 이야기인 듯싶다.

안타까운 것은, '사랑만능주의' 혹은 '사랑일원론'이다. 사랑이면 모든 것을 정당화할 수 있다고 생각하거나 사랑만이 유일의 최고 가치라고 단정 짓는 것을 두고 하는 말이다. 과연, 사랑이면 다 되는 것일까? 그런가 하면, '사랑 홍수시대'라는 말도 있다. 넘쳐나는 사랑의 남용을 우려하는 목소리일 듯싶다.

분명, 인간은 사랑의 존재이다. 문제는 어떤 사랑인가 하는 점이다. 아우구스티누스의 교리서, 『삼위일체론』을 말하면서 사랑을 연관시키는 것은, 생뚱맞아 보이는 구석이 있기는 하다. 교리에 대한 냉철하고 정확한 이해만으로도 중요한 가치가 있다는 점에서, 교리적 요소에 대한 바른 이해를 추구하는 것 자체도 버거운 것은 사실이다.

그럼에도 불구하고 그가 이 문제에 일가견 내지는 탁견을 지니고 있기 때문이다. 아우구스티누스가 스스로를 가리켜 '하나님의 연인amoris Deo'이라고 말했던 것을 보면, 사랑의 문제는 아우구스티누스에게서 불가분의 요소이다.

『삼위일체론』이 다루는 문제가 바로 이것이다. 얼핏 보기에는 기독교 고유의 교리인 삼위일체에 관한 신학적 논변일 듯싶지만, 내용을 파고들면 진정한 사랑의 대상인 하나님에 대한 바른 인식과 바른 사랑의 질서에 관해 이야기하고 있음을 알게 된다.

앞에서 말했던 것처럼, 아우구스티누스가 보기에 사랑은 그 대상과 질서에 따라 구분된다. 창조의 질서가 근간이 되어, 사용하는 사랑uti의 대상이 되는 것과 향유frui하는 사랑의 대상이 되는 존재로 구분된다.

이 용어를 대입하면, 하나님은 향유의 대상이요, 이웃은 하나님 안에서의 사랑의 대상이다. 그 외의 피조물은 사용되어야 할 것들이지만, 이 질서를 거스르면 전혀 다른 두 종류의 사랑으로 귀결된다.

향유할 존재를 향유하고 사용할 대상을 사용하는 질서 잡힌 사랑을 '카리타스'라고 한다. 그 반대의 경우는 '쿠피디타스'이다. 문제는, 인간이 사랑을 남용하고 질서를 어긴 쿠피디타스를 통해 죄를 지어 질서를 어지럽힌 상태에 있다는 점이다. 어긋난 질서를 바로잡기 위해서는 은혜가 필요하다. 은혜에 의해 카리타스를 회복하는 것이야말로 사랑의 참된 모습이라 하겠다.

『삼위일체론』은 참사랑을 회복하고 그 안에 머무는 것이 인간의 진정한 완성으로서의 행복이라는 점을 힘주어 말한다. 사랑이란 감정의 문제가 아니라 전 인격의 문제라는 점

그리고 바른 사랑이 절실히 요구된다는 점을 일깨워 주는 책이 『삼위일체론』이다.

누군가 말했듯이, 이 책은 교리서라기보다 하나님을 향한 '사랑의 이야기' 혹은 '사랑의 찬가'로 읽혀야 마땅할 듯싶다. 사랑의 종류, 사랑의 대상, 그리고 사랑의 질서에 대한 이야기를 통해 하나님을 향한 진정한 사랑을 추천하는 이야기로 전개되고 있기 때문이다.


(2) '은혜'의 관점에서

『삼위일체론』을 굳이 윤리의 관점에서 읽어내려는 데에는 중요한 이유가 있다. 삼위일체를 신앙하는 기독교 고유의 맥락 안에서 사유했던 아우구스티누스의 모습을 성찰하고 그의 윤리가 지닌 기독교적 정체성을 부각하는 데 중요한 기여를 할 수 있으리라 기대되기 때문이다.

말하자면, 『삼위일체론』에 대한 인식을 확장하자는 뜻이다. 신앙고백이자 정통교리로서의 중요성을 지닌 삼위일체론을 유능한 혹은 전문적인 신학자의 전유물로 묶어 둘 것이 아니라, 오늘도 여전히 삼위일체 하나님을 향한 사도

신경의 참여자 모두에게 삶의 준거로 삼게 해야 한다는 뜻이다. 다른 말로 하자면, 이렇게 표현할 수 있겠다. '사변적 교리에서 실천적 윤리로.'

아우구스티누스의 『삼위일체론』을 실천적 윤리의 관점에서 읽어 내자고 제안하는 것은 교리적 중요성을 무시하겠다는 뜻이 결코 아니다. 삼위일체 하나님을 향한 고백은 분명 교회의 고백이자 성경의 정신이며 절대적 가치에 속한다. 다만 삼위일체 하나님을 향한 고백이 난해한 교리의 한 부분에 지나지 않는다고 생각해서는 안 된다는 뜻이다.

삼위일체 하나님을 향한 바른 사랑을 통하여 참되게 예배하며 복음에 합당한 삶을 살아가는 것이야말로, 아우구스티누스가 『삼위일체론』을 통해 우리에게 전해 주려는 핵심 아닐까? 신학자들의 전문용어로 묶어 두거나 학문적 유희에 그치게 하는 것보다 삼위일체 하나님을 향한 고백을 삶의 중심에 두게 하는 노력이 더 중요하다는 뜻에서 말이다.

물론, 삼위일체론 그 자체의 중요성에 비추어 볼 때 아우구스티누스를 완벽한 완결자라고 볼 수 없다. 아우구스티누스 이후의 교부들과 중세의 심오하고도 체계적인 논의들

그리고 종교개혁자들의 관심은 물론이고 현대신학의 거장
들에게서 삼위일체론은 여전히 교리적, 교의적 성찰의 대
상이다.

이러한 노력은 지속되어야 마땅하다. 삼위일체의 신비는
인간의 능력으로 풀어낼 수 없는 것이라는 점에서, 특정한
누군가의 논의를 절대시하는 것은 무리가 있어 보인다. 따
라서 아우구스티누스의 『삼위일체론』은 완결판이라기보
다 삼위일체 하나님을 향한 신앙고백의 아우구스티누스 버
전이라 말하는 것이 옳겠다.

안타까운 부분이 있다. 신학, 특히 삼위일체론이 사변화
경향을 보이는 것을 두고 아우구스티누스에게 책임을 지우
는 경향이 그것이다. 삼위일체론이 지닌 공동체성과 사랑
의 상호 연합을 사회적 실천의 차원으로 구체화하지 못하
게 하는 원인이 아우구스티누스의 삼위일체론에 있다는 관
점이다.

요점을 정리하자면, 아우구스티누스가 철학적 방법론을
적용하여 서방교회의 신학을 사변화함으로써 동방교회의
삼위일체론이 지니고 있던 사회적 실천의 요소를 무력화시

키고 실천에서 유리된 방향으로 나아가게 했다는 해석이다. 일리가 있는 주장이지만, 사회적 실천에 관한 근거들은 굳이 삼위일체론 이외에도 얼마든지 찾을 수 있다는 점을 간과해서는 안 된다.

이 점에서, 아우구스티누스의 『삼위일체론』은 저평가됐다고 말하고 싶다. 난해한 책이요, 글의 구조상 문제가 있는 책이라는 비판들을 보면서, 아우구스티누스에 대한 바른 평가가 필요하다는 생각이 든다.

정작 말하고 싶은 것은, 아우구스티누스가 무조건 옳다는 것도 아니고, 아우구스티누스가 신학의 절대적 기준이라는 것도 아니다. 아우구스티누스가 제시한 단초들을 활성화해서 실천적 윤리의 관점에서 재조명하는 노력이 더 중요하다. 사변적이고 이론적인 탐구를 넘어, '삼위일체 하나님을 향한 고백'으로서 『삼위일체론』의 본래 맥락을 회복함을 말하고 싶은 셈이다.

'『삼위일체론』 읽기'를 마감하면서, 한 가지 덧붙이고 싶다. 삼위일체 하나님을 향한 행복의 길로 제시된 카리타스에 '은혜'가 강조되어야 한다는 점이다. 아우구스티누스의 별명이 '은혜 박사Doctor Gratiae'라는 점을 생각해 보라.

아우구스티누스의 신학이 주목받는 가장 큰 이유는 그의 탁월한 수사학이 아니다. 그가 항상 은혜의 중요성을 결론으로 제시하고 있다는 점에서, 은혜에 기초한 기독교신앙의 핵심을 놓치지 않고 있기 때문이다. 말하자면 아우구스티누스의 삼위일체론에는 '은혜 중심성'이 깔려 있다.

은혜의 중요성은 아우구스티누스뿐 아니라 기독교 신학 전체의 모퉁잇돌과 같다. 아우구스티누스의 은혜 개념에는 펠라기우스라는 집요한 상대가 있었다. 펠라기우스와의 논쟁은 기독교의 근본에 관한 것인 동시에, 기독교윤리의 본질에 관한 논쟁이었다.

아우구스티누스가 '은혜 박사'로 불리는 것은 은혜에 대한 바른 이해를 통해 은혜 중심의 신학과 윤리를 제시했다는 사실에 근거할 듯싶다. 사실, 당시의 도덕적 타락과 위기의 문제에 대해 고민했던 것은 펠라기우스만이 아니다. 아우구스티누스 역시 도덕의 문제를 심각하게 안타까워했다. 차이가 있다면, 펠라기우스는 은혜를 포기하면서까지 도덕에 집착했고, 아우구스티누스는 은혜 위에 교리와 윤리를 세웠다는 점이다.

펠라기우스의 윤리가 희랍의 스토아 사상이라 할 수 있다면, 아우구스티누스의 윤리는 복음에 기초한 은혜의 윤리이다. 아우구스티누스는 은혜에 기초한 구원과 도덕을 강조함으로써, 펠라기우스가 말하는 자율적 존재로서의 인격에 대한 집착을 넘어선다. 기독교윤리의 바른 기초를 제시한 셈이다.

아우구스티누스가 은혜의 중요성을 강조하는 배경은 무엇인가? 그는 자신의 죄의 깊이와 심각성을 인식하고 있었으며 구원의 위대함에 대해 체험적인 기초를 가지고 있다. 자신을 죄악의 수렁에서 건진 것이 오직 하나님의 거역할 수 없는 은혜였다는 점을 기억하는 것은 참으로 중요하다. 하나님의 은혜가 끊임없이 공급되어야 한다는 진리를 체득한 것 역시 큰 의미가 있다. 신앙인의 삶은 스토아학파가 말하는 자기통제가 아니라 하나님의 은혜에 이끌리는 것이어야 한다는 것이다.

아우구스티누스에 따르면 첫째, 은혜는 윤리를 무력화하지 않고 오히려 강화한다. 펠라기우스는 당시의 베스트셀

러, 아우구스티누스의 『고백록』이 은혜의 중요성을 지나치게 강조하여 인간의 윤리적 책임과 실천의지를 약화할 수 있다고 우려했을 것이다. 그러나 아우구스티누스는 은혜가 윤리를 포함한 모든 신학과 신앙의 기초임을 강조했다.

펠라기우스는 인간의 윤리적 성숙과 도덕적 책임의식을 강조하기 위하여 하나님의 은혜를 제한했다. 은혜에 대한 소극적 접근으로 은혜의 중요성을 놓쳐 버린 셈이다. 이와는 반대로 아우구스티누스는 은혜가 인간과 윤리를 바로 세워 주는 원동력이라는 사실에 주목한다.

펠라기우스의 주장처럼 죄악은 아담에게만 일어난 사건이 아니라, 인간 본성 자체의 왜곡이자 실존적 현실이다. 인류는 '죄의 덩어리massa peccati'이다. 은혜를 통하지 않고는 선을 행할 수 없을뿐더러 선을 행하고자 의지를 갖추는 것 자체가 불가하다.

은혜가 의지를 건강하게 회복시키며 이를 통해 건강을 되찾은 의지가 율법을 복음 안에서 준행하게 한다. 이러한 뜻에서, 인간이 도덕적, 사회적 공로를 세움으로써 구원을 얻을 수 있다는 공로주의를 넘어선다. 펠라기우스가 자유의지를 온전한 상태로 보았던 것과는 달리, 아우구스티누스는 자유의지의 치유 필요성을 말함으로써, 은혜의 가치와 중요성을 강조한다. 은혜는 선택의 자유를 폐하는 것이 아니라 도리어 굳게 세운다.

아우구스티누스에 따르면, 인간은 은혜 없이 존재할 수 없고 하나님께 나아갈 수 없다. 특히, 은혜는 인간의 사랑을 제거하는 것이 아니라 사랑을 정화하고 강화하며 완성한다. 카리타스 역시 이러한 맥락 안에 있다.

니그렌이 카리타스를 하늘의 에로스처럼 상승적 사랑이라고 해석하는 것은 옳지 않다. 이것은 결정적으로 아우구스티누스를 플라톤과 구분하지 못한 것인 동시에 펠라기우스를 논박한 아우구스티누스를 바르게 이해하지 못한 탓일 듯싶다.

히포 교구의 주교로서, 목회현장에서 일어나는 여러 현실적 사안들에 큰 관심을 가져야 했던 아우구스티누스는 펠라기우스의 주장을 강력하게 논박했던 때처럼, 율리아누스의 도전에 강력하게 대응했다. 아우구스티누스가 보기에, 인간의 자연적 도덕 능력으로서 자유의지는 죄의 노예가 되어 있으며 은혜가 반드시 필요하다. 인간의 의지 자체가 무질서한 사랑의 노예 상태에 놓여 있다는 것이다.

아우구스티누스가 보기에, 덕이란 근본적으로 은혜의 영향 아래에 있는 것이며, 그것은 더 이상 인간의 자기 결정의 표현일 수 없다. 펠라기우스와 율리아누스로 대변되는 자기 성숙으로서의 덕에 대한 강조로는 인간의 현실과 은혜의 필요성을 보여 줄 수 없다는 점이 분명해진 셈이다.

말하자면, 아우구스티누스가 말하는 의지의 자유와 덕 윤리는 은혜 안에서라야 바른 설명법을 얻게 된다. 누군가 제대로 해석해 준 것처럼, 아우구스티누스에게 은혜는 자유를 촉발하고 자유는 은혜에 항거할 수 없다. 은혜에 항거하는 자유는 진정한 자유가 아니라 죄의 노예 상태일 뿐이다.

펠라기우스와 율리아누스의 주장처럼 은혜 없이도 인간의 도덕적 능력만으로 행복에 이를 수 있다는 생각은 아우구스티누스의 덕 윤리에서 용납될 수 없다. 아우구스티누스가 전제하는 성경 내러티브가 그것을 말하고 있기 때문이다.

은혜의 중요성을 강조하는 아우구스티누스의 모습은 『삼위일체론』의 마지막 부분을 기도로 마감하고 있다는 점에서 가장 확실하게 드러난다. 아우구스티누스 자신이 '말이 많았음'을 독자들에게 고백한 부분은 단순한 겸양의 표현이 아니라, 삼위일체의 신비에 대해 섣불리 말했던 것들이 실수로 이어지지 않을까 하는 염려를 담아내고 있다. 그래서 아우구스티누스는 기도한다.

하나님,
저를 많은 말에서 해방시켜 주소서.
　　　　　　　　　　…
한 분이신 하나님, 삼위일체 하나님,
이 책 또한 당신의 것이오며,
이 책에서 쏟아낸 말들이 당신의 백성들에게서 받아들여지게 하소서.
이제까지 저의 생각을 말하였나이다.
당신과 당신 백성들의 용서를 구하나이다(XV.28.51.).

필자 또한 아우구스티누스의 기도에 의탁하고 싶은 마음이다. 이제까지 살펴본 것처럼, 『삼위일체론』은 아우구스티누스의 연구실에서 나온 사변적 교리신학에 그치지 않는다. 아우구스티누스의 실존적 체험을 통해 우러난 것으로서, 하나님에 대한 진솔한 고백이다. 동시에, 독자들을 향하여 삼위일체 하나님을 사랑하도록 권면하고 있다.

이러한 참사랑의 길은 은혜를 통해 가능하다는 것이 『삼위일체론』을 관통하는 기본 논지이다. 삼위일체 하나님을 만나게 된 것도, 삼위일체 하나님을 향하여 신앙을 고백하게 된 것도, 그리고 카리타스를 통하여 하나님을 향하는 길을 발견한 것도, 아우구스티누스에게는 모두 은혜로 주어진 사건들이다.

은혜에 대한 설명은 이 책에서 간단하게 '때우는' 식으로 말하며 지나갈 수 없는 위대하고 신비한 주제임이 틀림없다. 동시에 은혜의 중요성을 놓치지 말아야 한다는 것은 기독교 신학의 제일원리와도 같다. 은혜의 중요성에 대해서는 다음 기회에 설명할 수 있기를 기약하면서, 『삼위일체론』 읽기를 아쉬움 속에 마감하고자 한다. 성경에 기초하고 교회의 고백으로 수용하며 은혜의 중요성을 강조하고 있다는 점에서, 아우구스티누스의 『삼위일체론』은 권위를 지닌다.